Jürgen Hesse
Hans Christian Schrader

Praxismappe für das *perfekte* Arbeitszeugnis

Mit ausführlicher Anleitung
sowie zahlreichen Textbausteinen
und Formulierungshilfen

berufsstrategie

Eichborn

Liebe Leserin, lieber Leser,

Mit diesem Buch erhalten Sie auch eine CD-ROM. Um auf die Inhalte zugreifen zu können, müssen Sie vor dem erstmaligen Gebrauch folgenden Code eingeben:

Z1910

Auf der CD finden Sie zusätzliche Informationen zum Arbeitszeugnis und zu allen Phasen der Bewerbung, u.a.:

- Musterbewerbungen zur direkten Übernahme in die Textverarbeitung
- Checklisten zum Ausdrucken
- Lerntests und Arbeitsblätter
- Direkte Links zu Jobbörsen

Die Autoren

Jürgen Hesse, geboren 1951, geschäftsführender Diplom-Psychologe im *Büro für Berufsstrategie*, Berlin.
Hans Christian Schrader, geboren 1952, Diplom-Psychologe in Berlin.

Anschrift der Autoren

Hesse/Schrader
Büro für Berufsstrategie
Oranienburger Straße 4–5
10178 Berlin
Tel. 030 288857-0
Fax 030 288857-36
www.berufsstrategie.de

2 3 4 10 09 08

Umschlaggestaltung: Christina Hucke
Lektorat: Simone Kreuzberger
Innengestaltung: Oliver Schmitt, Mainz
Druck und Bindung: Fuldaer Verlagsanstalt, Fulda
ISBN 978-3-8218-5931-6

Eichborn Verlag, Kaiserstraße 66, D-60329 Frankfurt am Main
Mehr Informationen zu Büchern und Hörbüchern aus dem Eichborn Verlag finden Sie unter www.eichborn.de

Inhalt

Fast Reader

In wohl keinem anderen Land sind Papiere und damit auch Arbeitszeugnisse von so großer Bedeutung wie in der Bundesrepublik. Auch wenn Arbeitgeber* immer wieder behaupten, sie würden den schriftlichen Bewerbungsunterlagen keine so große Beachtung schenken, wissen wir doch, dass dieser Teil der Bewerbung nicht selten richtiggehend studiert und penibel analysiert wird.

Wir zeigen Ihnen, worauf bei Arbeitszeugnissen besonders geachtet wird, was es mit bestimmten Formulierungen auf sich hat und wie Sie verhindern können, dass Ihr Zeugnis zum Stolperstein auf Ihrem weiteren Berufsweg wird. Und vor allem: wie Sie Ihren Entwurf für ein gutes Arbeitszeugnis erfolgreich, schnell und professionell selber erstellen können.

Die wichtigsten Themen dieses Buches:

- Die verschiedenen Typen von Arbeitszeugnissen (s.S. 6)
- Wie ein qualifiziertes Zeugnis aufgebaut ist (s.S. 8 f.)
- Was es mit der Geheimsprache in Zeugnissen auf sich hat (s.S. 19 und 71 ff.)
- Warum und welche Details entscheidend sind (Grundwissen ab S. 14)
- Was ein gutes Zeugnis ausmacht (s.S. 74)
- Welche Formulierung welche Bewertung beinhaltet (s.S. 71 ff. und 80)
- Wie bestimmte Textbausteine verwendet werden (s.S. 80)
- Viele Zeugnisbeispiele zeigen anschaulich, wie ein Zeugnis aufgebaut ist. »Vorher-Nachher«-Versionen demonstrieren Ihnen, worauf es ankommt.

Weitere Zeugnisbeispiele und viele zusätzliche Infos zum gesamten Bewerbungsverfahren finden Sie auf der CD-ROM, die diesem Buch beiliegt. Zudem können Sie zahlreiche gut gestaltete Bewerbungen in Ihre Textverarbeitung übernehmen und mit Ihren eigenen Daten überschreiben.

Beachten Sie die auch die Hinweise zur neuen DIN 5008 auf S. 48.

* Wenn wir im Folgenden überwiegend die männliche Form (Arbeitgeber, Mitarbeiter, Kollege, Vorgesetzter, Arbeitnehmer etc.) verwenden, soll das keine Diskriminierung der Leserinnen darstellen, sondern geschieht allein deshalb, um den Sprachfluss nicht zu stören.

Weichensteller Arbeitszeugnisse

Zeugnisse begleiten uns durch unser Leben, sie stellen schicksalhaft Weichen, können Chance und Risiko sein. Immer wieder werden wir von anderen beurteilt, nicht selten leider falsch, und somit sind in der Arbeitswelt der Ungerechtigkeit oftmals Tor und Tür geöffnet.

Jedes Jahr kommt es vor deutschen Arbeitsgerichten zu etwa 15 000 Prozessen wegen Streitigkeiten zwischen Arbeitnehmer und Zeugnisempfänger auf der einen und Ex-Arbeitgeber und Zeugnisaussteller auf der anderen Seite.

Ein immer enger werdender Arbeitsmarkt erhöht die Bedeutung eines guten Zeugnisses für den erfolgreichen Arbeitsplatzwechsel oder Aufstieg bei einem anderen, neuen Arbeitgeber.

Arbeitszeugnisse dürfen also in den Bewerbungsunterlagen auf keinen Fall fehlen. Unbeglaubigte Kopien reichen aus.

Die verschiedenen Zeugnistypen

Zu unterscheiden sind verschiedene Typen von Arbeitszeugnissen nach dem Zeitpunkt bzw. Anlass ihrer Erstellung sowie nach ihrem Inhalt:

Unter inhaltlichen Gesichtspunkten gibt es das »einfache« und das »qualifizierte« Arbeitszeugnis, unter zeitlichem Aspekt das »vorläufige«, »endgültige« und das »Zwischenzeugnis«.

Im Einzelnen:
- das einfache Zeugnis
- das qualifizierte Zeugnis
- das Zwischenzeugnis
- das Berufsausbildungszeugnis und
- das Praktikums-, Ferien-, Aushilfs- und Nebenjobzeugnis

Das einfache Zeugnis

Es enthält Angaben:
- zur Person (Name etc. s.u.)
- Art der Beschäftigung
- Dauer des Beschäftigungsverhältnisses
- Beendigungsgründe und -modalitäten

Das einfache Zeugnis ist typisch für weniger qualifizierte bzw. kurzfristig ausgeübte Tätigkeiten und enthält keinerlei bewertende Aussagen über Leistung und Führung des Mitarbeiters. Dennoch reicht die bloße Berufsbezeichnung nicht aus (z.B. Verkäuferin, kaufmännischer Angestellter etc.). Der konkrete Tätigkeitsbereich (z.B. Verkäuferin in der Herrenschuhabteilung, kaufmännischer Angestellter im Schreibwaren-, Groß- und Einzelhandel mit dem Schwerpunktbereich Schulbedarfsartikel) muss aufgeführt werden.

Bei der Dauer des Beschäftigungsverhältnisses ist der rechtliche und nicht der tatsächliche Zeitraum zu berücksichtigen. Das bedeutet, ein Arbeitsvertragsverhältnis beginnt z.B. am 1. Januar (auch wenn das ein Feiertag war) und endet zum Quartalsende am 31. Dezember, auch wenn die letzten 14 Tage evtl. Urlaub gewesen sind.

Das qualifizierte Zeugnis

Dies ist der gängigste Zeugnistyp und eine deutlich erweiterte Version des eben beschriebenen einfachen Zeugnisses. Es enthält zusätzlich zu den Informationen über Art und Dauer des Beschäftigungsverhältnisses eine Beschreibung und Beurteilung der Leistung und Führung des Arbeitnehmers während der gesamten Dauer seiner Anstellung.

Erstaunlich, aber juristisch gesehen korrekt: Ein qualifiziertes Zeugnis wird nur auf ausdrücklichen Wunsch des Arbeitnehmers erteilt. Ein nicht gewünschtes qualifiziertes Zeugnis darf vom Arbeitnehmer zurückgewiesen werden. Er kann aber in diesem Fall zusätzlich – oder stattdessen – ein einfaches Zeugnis verlangen. Gleichwohl: Einfache Zeugnisse machen Arbeitgeber heutzutage eher misstrauisch, denn Standard bei den Bewerbungsunterlagen ist nun einmal das qualifizierte Zeugnis.

Dieser Zeugnistyp sollte der Gesamtpersönlichkeit des Arbeitnehmers Rechnung tragen und diese würdigen. Dabei geht es um die Beurteilung der Qualität der Fähigkeiten und erbrachten Leistungen des Arbeitnehmers, insbesondere seine Belastbarkeit, Initiative und Bereitschaft zum Engagement sowie das Verhalten gegenüber Vorgesetzten, Kollegen und Mitarbeitern (evtl. ergänzt um das Führungsverhalten).

Hierbei wird dem Arbeitgeber ein Beurteilungsspielraum zugestanden, mit der gleichzeitigen Verpflichtung, zwei Geboten gerecht zu werden: der Zeugniswahrheit und dem Prinzip der wohlwollenden Beurteilung (Näheres dazu s. S. 69).

Die Forderung nach wohlwollender Beurteilung bei gleichzeitiger Wahrheitspflicht kann einen gewissen Konflikt bedeuten und hat in der heute gängigen Praxis dazu gefuhrt, qualifizierte Zeugnisse in der Regel positiv zu formulieren, Negatives wegfallen zu lassen und massive Probleme eher zu verklausulieren.

Beim qualifizierten Zeugnis ist Folgendes zu berücksichtigen und zu beachten:

- Es muss (wie Zeugnisse generell) auf Geschäftspapier mit vollständiger Adresse des Arbeitgebers geschrieben sein.
- Nicht fehlen darf die Überschrift (z.B. »Arbeitszeugnis«, »Vorläufiges Zeugnis«, »Zwischenzeugnis«, »Berufsausbildungszeugnis«, s. u.).
- Es müssen enthalten sein: die persönlichen Daten des Beurteilten: Vor- und Zuname (heute eher unüblich: bei verheirateten oder geschiedenen Frauen der Geburtsname); Geburtsdatum (seltener: auch der Ort); selbstverständlich: akademische Grade bzw. Doktortitel; gegebenenfalls Adelsprädikate; die genaue Beschäftigungsdauer (der Eintrittstermin wird in der Regel am Anfang des Zeugnisses erwähnt, der Austrittszeitpunkt wird immer häufiger aus den Formulierungen des Textendes ersichtlich, kann aber auch traditionell mit den Worten »war von ... bis ... tätig« am Zeugnisanfang stehen).
- Die Tätigkeitsbeschreibung führt die verschiedenen Tätigkeiten und eventuell auch Positionen in chronologischer Reihenfolge auf.
- Beurteilt werden Fertigkeiten, (Spezial-)Kenntnisse und Erfahrungen (bei evtl. unterschiedlichen Tätigkeits- und Einsatzbereichen) sowie die Leistung des Arbeitnehmers (insbesondere Stärken und Erfolge).
- Die evtl. Teilnahme an Fortbildungsmaßnahmen sollte erwähnt werden.
- Die Beurteilung der Führung und des Sozialverhaltens sollte auf den Umgang mit Vorgesetzten, Kollegen und evtl. Dritten, aber auch auf Aspekte wie Loyalität und Vertrauenswürdigkeit eingehen.
- Evtl. sollte eine Beurteilung der Mitarbeiter-Führungskompetenz erfolgen.
- Gründe zur Auflösung des Arbeitsverhältnisses sollten angegeben werden.
- Die Schlussformel sollte Bedauern über das Ausscheiden, Dank für Geleistetes und gute Wünsche für die Zukunft enthalten.
- Ausstellungsort und -datum des Zeugnisses (in unmittelbarer zeitlicher Nähe zum Austrittsdatum) sowie Unterschrift (wichtig: Dienstgrad und/oder Funktion des Ausstellers) dürfen nicht fehlen.

Das Zwischenzeugnis

Wenn auch der Anspruch auf ein Zwischenzeugnis gesetzlich nicht vergleichbar eindeutig geregelt ist wie beim qualifizierten Endzeugnis, so wird doch in der Praxis akzeptiert, dass der Arbeitnehmer bei berechtigtem Interesse ein Recht auf ein Zwischenzeugnis hat.

Obwohl das Arbeitsverhältnis weiter besteht, können Anlässe für ein Zwischenzeugnis sein:

- Kündigungsvorhaben des Arbeitnehmers bzw. sicher in Aussicht stehende Beendigung des Arbeitsverhältnisses (z.B. befristeter Arbeitsvertrag oder drohender Konkurs des Unternehmens).
- Spezielle Fortbildungs- und Aufstiegsvorhaben und -wünsche.
- Wechsel von Arbeitsplatz, Verantwortungsbereich und / oder Vorgesetztem.
- Bevorstehende Unterbrechung des normalen Beschäftigungsverhältnisses auf absehbare Zeit (z.B. Schwangerschaft, Wahl zum Betriebsrat, Einberufung Wehr-/Zivildienst, Übernahme eines politischen Mandats usw.).

Nicht selten trifft man bei Arbeitnehmern, die ein Zwischenzeugnis wünschen, auf das Motiv, lediglich den eigenen Marktwert zu testen, eine Gehaltserhöhung durchsetzen zu wollen oder in einer Art Drohgebärde den Arbeitgeber darauf aufmerksam zu machen, dass eine Aufkündigung der Mitarbeit potenziell anstehen könnte.

In allen einschlägigen Fachbüchern wird davor immer wieder gewarnt. Nicht nur die Arbeitsatmosphäre kann reichlich belastet werden. Der Arbeitgeber kommt darüber hinaus in die Position, dem Arbeitnehmer zu kündigen, weil er formaljuristisch gesehen mit der Bitte nach einem Zwischenzeugnis aus den zuletzt angeführten Motiven einen so genannten Abkehrwillen dokumentiert. Das Recht ist dabei auf der Seite des Arbeitgebers.

Wer wirklich vorhat, seinen Arbeitsplatz zu wechseln, tut gut daran, es Vorgesetzte und Kollegen nicht vorzeitig merken, geschweige denn wissen zu lassen. Ein neuer Arbeitgeber weiß sehr wohl, dass ein Bewerber in ungekündigter Position in der Regel kein Zwischenzeugnis vorweisen kann (s. dazu auch unser Buch *Der erfolgreiche Arbeitsplatzwechsel*, Eichborn Verlag 2000).

Andererseits ist bei der richtigen Gelegenheit (s.o.!) jedem Arbeitnehmer zu empfehlen, sich ein Zwischenzeugnis ausstellen zu lassen. Es wird in der Regel positiv ausfallen und einen guten Status quo schaffen, denn jeder Arbeitgeber will seinen Arbeitnehmer natürlich nicht demotivieren, sondern ihn durch ein freundlichwohlwollendes, lobendes Zwischenzeugnis eher anspornen.

Sollte der Arbeitgeber später anlässlich der Auflösung des Arbeitsverhältnisses eine andere Beurteilung geben wollen, ist er mit einem lobenden Zwischenzeugnis relativ stark gebunden und kann nicht plötzlich in der Endbeurteilung einen ganz anderen Tenor wählen.

Das Berufsausbildungszeugnis

Alle Auszubildenden haben einen Anspruch auf ein Berufsausbildungszeugnis – auch dann, wenn sie die Abschlussprüfung nicht absolviert oder nicht bestanden haben. Dabei gibt es auch hier einfache bzw. qualifizierte Zeugnisse sowie die Möglichkeit, sich ein Zwischenzeugnis ausstellen zu lassen.

Inhaltlich geht es vor allem um die erworbenen Kenntnisse und Fähigkeiten, aber auch um die Beurteilung von Leistungs- und Verhaltensmerkmalen (z.B. Lernfähigkeit, Auffassungsgabe, Engagement, Arbeitsquantität und -qualität, Sozialverhalten, Teamfähigkeit). Die durchlaufenen Ausbildungsbereiche sollten ebenso Erwähnung finden wie Ort und Art der erfolgreich abgelegten Abschlussprüfungen.

Das Praktikums-, Ferien-, Aushilfs-, Nebenjobzeugnis

Ob eine oder acht Wochen – auch kurzfristige Tätigkeiten, egal aus welchem Anlass, sind eine gute Möglichkeit, um mittels eines Zeugnisses zu dokumentieren, wie man sich in der Arbeitswelt behauptet hat. Gerade für Schüler bzw. Studenten ist diese Art Zeugnis ein erstes Dokument zur Bewährung in dem, was den »Ernst des Lebens« ausmacht. Zur Länge: Eine halbe Seite reicht aus. Zum Inhalt: grundsätzlich wie bei anderen qualifizierten Zeugnissen.

Der Aufbau eines qualifizierten Zeugnisses

Sinn und Zweck des qualifizierten Zeugnisses ist es, zu bescheinigen, in welcher Qualität der Arbeitnehmer die ihm gestellten Aufgaben bewältigt hat und wie sein Verhalten insgesamt aus Arbeitgebersicht beurteilt wird.

Zu den gängigen Zeugniskomponenten und -inhalten im Einzelnen:

Überschrift
- Zeugnis / Arbeitszeugnis / Dienstzeugnis / Zwischenzeugnis / Ausbildungszeugnis / Praktikumszeugnis

Einleitung
- Angaben zu Person, Beruf und Beschäftigungsdauer

Positions-, Aufgaben- und Tätigkeitsbeschreibung
- Tätigkeitsmerkmale / Kompetenzen / Verantwortung
- Berufliche Entwicklung innerhalb des Unternehmens

Leistungsbeurteilung

- Arbeitsbereitschaft
- Arbeitsbefähigung (Belastbarkeit/Intellektuelle Fähigkeiten/Fachkenntnisse/Weiterbildung)
- Arbeitsweise
- Arbeitserfolg (Arbeitsmenge, -tempo, -qualität)
- Besondere Arbeitserfolge
- Fachwissen/Weiterbildungsmotivation
- Gegebenenfalls Mitarbeiter-Führungskompetenz (Abteilungs-, Gruppenleistung/Mitarbeiterzufriedenheit)
- Zusammenfassende Beurteilung der Leistung (Zufriedenheitsaussage)

(Achtung: Nicht alle Leistungsbeurteilungsunterpunkte müssen im Zeugnis ausführlich behandelt werden. Eine Auswahl von 3–4 Punkten plus der Zufriedenheitsaussage ist anzustreben.)

Verhaltensbeurteilung

- Gegenüber Vorgesetzten/Kollegen/Dritten
- Weitere persönliche und soziale Verhaltensaspekte
- Zusammenfassende Verhaltensbeurteilung

Abschluss

- Gründe für die Beendigung des Arbeitsverhältnisses (auf wessen Initiative?)

Dankes-Bedauern-Formel

- Dank für die geleistete Arbeit bzw. für die Zusammenarbeit
- Evtl. Verständnis/Empfehlung/Wiedereinstellungsaussage

Zukunftswünsche

- Gute Wünsche für die weitere berufliche Entwicklung

Ausstellungsort, -datum und Unterschrift(en)

- Name des Ausstellers (auch computergeschrieben wiederholt), mit Hinweis auf dessen Position und Rechtsstellung (z.B. Prokura)

Diese Reihenfolge der Zeugniskomponenten ist relativ verbindlich. Eine Umstellung (z.B. die Verhaltens- vor der Leistungsbeurteilung) könnte schon bereits eine Negativbewertung signalisieren. Andererseits: Es gibt eine Menge Ausnahmen und Abweichungen, die nicht alle erklärbar sind und auch nicht immer eine »böse Absicht« verfolgen.

Was für Sie jetzt vielleicht noch ganz theoretisch klingt, möchten wir Ihnen an drei Beispielen verdeutlichen. Auf den folgenden Seiten finden Sie die Zeugnisse von Heinz Gutzeit, der als Hausmeister beschäftigt war, Brigitte Fuchs, einer Zahnarzthelferin, Wolfgang Krause, einem Schauwerbegestalter, und etwas weiter in der Mitte von Rainer Tete, der als Verkaufsleiter und stellvertretender Geschäftsführer in einem Hotel gearbeitet hat. Schritt für Schritt werden die einzelnen Gliederungspunkte und Ausformulierungen besprochen und bewertet.

Auf dem unteren Teil der Seite lesen Sie fortlaufend alles zum »Grundwissen Arbeitszeugnisse«.

Werfen Sie aber zunächst einen Blick auf drei Versionen des Zeugnisses von Herrn Gutzeit. Welche gefällt Ihnen besser?

Die Berufe der hier beurteilten Arbeitnehmer spielen dabei eine untergeordnete Rolle. Uns kommt es darauf an, beispielhaft die wichtigsten Kriterien zu verdeutlichen, um den Lerneffekt zu optimieren.

LIEGENSCHAFTS-GMBH seit 1900 in Frankfurt/M

Frankfurter Zeile 116
60891 Frankfurt/M
Tel: 0 69-23 46 72 11

Herrn
Heinz Gutzeit
Müllerstr. 30

61234 Frankfurt/M

Zeugnis

Herr Heinz Gutzeit, geboren am 31.8.1951 in Berlin, war vom 1.4.2005 bis zum 31.12.2006 als Hausmeister für den gesamten Gebäudekomplex Normannenstr. 19 in Sachsenhausen zuständig.

Zu seinen Hauptaufgaben gehörten der Schließdienst für alle Haupt- und Nebengebäude, die gärtnerische Betreuung der Außenanlagen, die Durchführung kleinerer Reparaturarbeiten, die Überwachung von Handwerksarbeiten sowie die Kontrolle des externen Reinigungsdienstes.

Ab Juli 2006 übernahm Herr Gutzeit zusätzlich die Pflege des Fuhrparks, der aus drei Pkws und fünf Kleintransportern bestand.

Herr Gutzeit zeigte sich nach kurzer Einarbeitungszeit den Aufgaben voll gewachsen und konnte durch seine gute handwerkliche Befähigung vielfältig eingesetzt werden. Er war überdurchschnittlich einsatzbereit und erledigte die ihm zugeteilten Aufgaben zuverlässig, sorgfältig und verantwortungsbewusst und stets zu unserer Zufriedenheit.

Seine Führung war einwandfrei und gab niemals Anlass zu Beanstandungen. Bei Kollegen wie Vorgesetzten war er gleichermaßen beliebt.

Herr Gutzeit verlässt uns auf eigenen Wunsch. Wir wünschen ihm für seinen weiteren Berufs- und Lebensweg alles Gute.

Frankfurt, 10.1.2007

LIEGENSCHAFTS-GMBH

Walter Schmidt

LIEGENSCHAFTS-GMBH Deutsche Bank Frankfurt Konto Nr. 112 342 BLZ 100 200 00
Geschäftsführender Gesellschafter Martin Heinz Ebersbächer, Diplomkaufmann und Diplomvolkswirt

Zeugnis von Heinz Gutzeit, 1. Version

LIEGENSCHAFTS-GMBH seit 1900 in Frankfurt/M

Frankfurter Zeile 116
60891 Frankfurt/M
Tel: 069 23467211

Arbeitszeugnis

Herr Heinz Gutzeit, geboren am 31.08.1951 in Berlin, wohnhaft Müllerstr. 30 in Frankfurt, war vom 01.04.2005 bis zum 31.12.2006 für den gesamten Gebäudekomplex Normannenstr. 19 in Sachsenhausen als alleiniger Hausmeister für uns tätig.

Zu seinen Hauptaufgaben gehörten der Schließdienst für alle Haupt- und Nebengebäude, die gärtnerische Betreuung der Außenanlagen, die Durchführung kleinerer Reparaturarbeiten, die Überwachung von Handwerksarbeiten sowie die Kontrolle des externen Reinigungsdienstes, der einmal wöchentlich erfolgte.

Im Sommer 06 übernahm Herr Gutzeit zusätzlich die Pflege des Fuhrparks, der aus drei Pkws und fünf Kleintransportern bestand.

Herr Gutzeit zeigte sich bereits nach kurzer Einarbeitungszeit den Aufgaben voll gewachsen und konnte durch seine geschickte handwerkliche Befähigung immer vielfältig eingesetzt werden. Er war überdurchschnittlich einsatzbereit und erledigte die ihm zugeteilten Aufgaben zuverlässig, sorgfältig und verantwortungsbewusst und zu unserer Zufriedenheit.

Das Verhalten von Herrn Gutzeit war jederzeit eigentlich einwandfrei und gab niemals Anlass zu Beanstandungen. Bei Vorgesetzten und Kollegen war er gleichermaßen beliebt und unsere Mieter schätzten seine hilfsbereite und stets freundliche Art.

Zum Jahresende verlässt uns Herr Gutzeit auf eigenen Wunsch. Wir danken Ihm und wünschen Ihm für seinen weiteren Berufs- und Lebensweg alles Gute, viel Glück und Erfolg.

Frankfurt, 10.12.2006

LIEGENSCHAFTS-GMBH

M. Ebersbächer

Martin H. Ebersbächer
Geschäftsführer

LIEGENSCHAFTS-GMBH Deutsche Bank Frankfurt Konto Nr. 112 342 BLZ 100 200 00
Geschäftsführender Gesellschafter Martin Heinz Ebersbächer, Diplomkaufmann und Diplomvolkswirt

Zeugnis von Heinz Gutzeit, 2. Version

LIEGENSCHAFTS-GMBH seit 1900 in Frankfurt/M

Frankfurter Zeile 116
60891 Frankfurt/M
Tel: 069 23467211

Arbeitszeugnis

Herr Heinz Gutzeit, geboren am 31.08.1951 in Berlin, war vom 01.04.2005 bis zum 31.12.2006 für den gesamten Gebäudekomplex Sachsenhausen, Normannenstr. 19 als alleiniger Hausmeister verantwortlich.

Zu seinen Hauptaufgaben gehörten der Schließdienst für alle Haupt- und Nebengebäude, die gärtnerische Betreuung der Außenanlagen, die Durchführung kleinerer Reparaturarbeiten, die Überwachung von Handwerksarbeiten sowie die Kontrolle des externen Reinigungsdienstes, der einmal wöchentlich erfolgte. Im Sommer 06 übernahm Herr Gutzeit zusätzlich die Pflege des Fuhrparks, der aus drei Pkws und fünf Kleintransportern bestand.

Herr Gutzeit zeigte sich bereits nach kurzer Einarbeitungszeit den Aufgaben voll gewachsen und konnte durch seine geschickte handwerkliche Befähigung immer vielfältig eingesetzt werden. Er war überdurchschnittlich einsatzbereit und erledigte die ihm zugeteilten Aufgaben zuverlässig, sorgfältig, verantwortungsbewusst und jederzeit zu unserer ganzen Zufriedenheit.

Das Verhalten von Herrn Gutzeit war stets einwandfrei. Von Vorgesetzten und Kollegen wurde er geschätzt und unsere Mieter mochten seine hilfsbereite und stets freundliche Art.

Herr Gutzeit verlässt uns auf eigenen Wunsch fristgemäß zum Jahresende. Wir bedauern seinen Weggang und danken ihm für die gute Zusammenarbeit. Auf seinem zukünftigen Berufs- und Lebensweg wünschen wir ihm alles Gute, viel Glück und Erfolg.

Frankfurt, 31.12.2006

LIEGENSCHAFTS-GMBH

M. Ebersbächer

Martin H. Ebersbächer
Geschäftsführer

LIEGENSCHAFTS-GMBH Deutsche Bank Frankfurt Konto Nr. 112 342 BLZ 100 200 00
Geschäftsführender Gesellschafter Martin Heinz Ebersbächer, Diplomkaufmann und Diplomvolkswirt

Zeugnis von Heinz Gutzeit, 3. Version

Kommentar zur 1. Zeugnis-Version von Heinz Gutzeit

Das auf Firmenpapier geschriebene Zeugnis ist adressiert wie ein Brief. Absolut unkorrekt, ein Zeugnis ist ein Dokument, das eigentlich persönlich überreicht werden sollte, und darf nicht wie ein Brief ausgestattet sein. Die Einleitung ist o.k. und auch die folgenden Absätze sind unauffällig. Die Gesamtlänge ist angesichts der knapp 2-jährigen Verweildauer angemessen.

Am Ende des 4. Absatzes kommt es zu der zusammenfassenden Zufriedenheitsaussage. Diese ist zwar sehr positiv (schulisch etwa eine Note 1–2), kontrastiert aber mit anderen, deutlich negativen Hinweisen. Wie ist sonst wohl die Formulierung bei der Verhaltensbeurteilung »gab niemals Anlass zu Beanstandungen« gemeint? Sicher eher negativ. Die Kollegen werden vor den Vorgesetzten genannt, was klar die falsche Reihenfolge ist und deutlich Probleme signalisiert.

Die Abschlussformel ist ohne Dank und Bedauern und lässt, zusammen mit den anderen Hinweisen, darauf schließen, dass der Arbeitgeber mit diesem Text eine große Unzufriedenheit signalisiert. Der Unterzeichner weist seine Kompetenz nicht ausreichend genug aus und das Ausstellungsdatum liegt schon etwas vom Austrittsdatum entfernt. Auch kein gutes Zeichen und damit leider im Einklang mit den anderen schlechten Merkmalen.

Fazit:
Für den Betroffenen kein hilfreiches Zertifikat und damit wirklich Anlass zur Sorge. Eine professionelle positive Überarbeitung wäre dringend zu empfehlen. Einschätzung: kaum noch ausreichend. Ein zukünftiger Stolperstein.

Kommentar zur 2. Zeugnis-Version

Kein Adressenfeld, aber dafür die aktuelle Wohnanschrift im ersten Absatz. Sehr unprofessionell, kaum besser.

Die Zufriedenheitsaussage klingt zwar recht freundlich, bedeutet aber im Klartext, dass die Arbeitsleistungen kaum ausreichend waren. Keine Empfehlung also. Und auch die Verhaltensbeurteilung, die »jederzeit eigentlich einwandfrei« war, wirkt durch den Anhang wieder sehr problematisch, selbst wenn jetzt die Abfolge Vorgesetzte, Kollegen (Mitarbeiter, Sonstige) korrekt gewählt wurde.

In der Abschlussformel wird Dank ausgedrückt und die Zukunftswünsche klingen sehr freundlich. Hier ist aber die (Groß-)Schreibweise *Ihm* zu reklamieren, schließlich handelt es sich nicht um die direkte Anrede.

Der Unterzeichner weist seine Kompetenz aus, aber das Ausstellungsdatum liegt schon deutlich vor dem Austrittsdatum, leider auch nicht so ideal. Insgesamt: In einigen Teilen besser, in anderen aber schlecht genug, so dass dieses Zeugnis immer noch als sehr problematisch einzuschätzen ist.

Kommentar zur 3. Zeugnis-Version

Die 3. Version ist eindeutig die beste. Warum?

Die elegantere und sorgfältige Formulierung fällt schnell beim Lesen und im Vergleich zu den vorherigen Zeugnisversionen auf. Die zusammenfassende Zufriedenheitsaussage ist eindeutig positiv, wenn auch nicht ganz klassisch gewählt:

Er war überdurchschnittlich einsatzbereit und erledigte die ihm zugeteilten Aufgaben zuverlässig, sorgfältig, verantwortungsbewusst und jederzeit zu unserer ganzen Zufriedenheit.

Auch die Verhaltensbeurteilung klingt jetzt freundlich wohlwollend und überhaupt nicht mehr zweideutig:

Das Verhalten von Herrn Gutzeit war stets einwandfrei. Von Vorgesetzten und Kollegen wurde er geschätzt und unsere Mieter mochten seine hilfsbereite und stets freundliche Art.

Die Abschlussformulierung vermittelt eine positiv würdigende Haltung des Zeugnisausstellers:

Herr Gutzeit verlässt uns auf eigenen Wunsch fristgemäß zum Jahresende. Wir bedauern seinen Weggang und danken ihm für die gute Zusammenarbeit. Auf seinem zukünftigen Berufs- und Lebensweg wünschen wir ihm alles Gute, viel Glück und Erfolg.

Datum und Unterschrift sind optimal.

Vergleichen Sie selbst und lernen Sie in den folgenden Beispielen, worauf es wirklich ankommt und was wichtig ist.

Es folgen die bereits angekündigten Zeugnisse von Brigitte Fuchs und Wolfgang Krause – Stück für Stück aufgebaut und kommentiert.

Jedes Zeugnis hat eine **Überschrift**. Vorstellbar sind folgende Möglichkeiten: »Zeugnis«, »Arbeitszeugnis«, »Berufsausbildungszeugnis«, »Dienstzeugnis«, »Praktikumszeugnis«. Beantragen Sie ein Zeugnis, ohne dass Sie den Arbeitsplatz verlassen, sollte in der Überschrift »Zwischenzeugnis« (s.S. 77) stehen. Bitten Sie deutlich vor Ende des Arbeitsverhältnisses um ein Zeugnis, dann ist es ein »vorläufiges« (s.S. 16 unten).

Nach der Überschrift folgt die **Einleitung**. Hier werden Angaben zu Person, Beruf und Beschäftigungsdauer gemacht. Letzterer wird sehr große Beachtung geschenkt, kann man ihr doch einiges entnehmen: Zunächst einmal sagt sie etwas über den Informationswert des Zeugnisses aus, d.h.: kurze Beschäftigungszeit = wenig Beurteilungsmöglichkeiten. Darüber hinaus wird etwas über den Arbeitnehmer gesagt. Eine sehr kurze Beschäftigungsdauer kann mangelndes Durchhaltevermögen oder Probleme am Arbeitsplatz signalisieren, eine äußerst lange Beschäftigung wird eventuell mit mangelnder Flexibilität und Betriebsblindheit gleichgesetzt. (Natürlich kommt es immer auf den einzelnen Arbeitnehmer an, auf seine Qualifikationen und den Arbeitsplatz sowie auf die Zusammenschau der vorgelegten Zeugnisse.) Generell gilt: Eine Beschäftigungsdauer unter zwei Jahren ist deutlich negativ, ab drei/vier bis sechs/sieben Jahren positiv, danach spätestens ab zehn Jahren (bei einem Wechsel) eher als problematisch zu beurteilen. Ab 15 Jahren Beschäftigungsdauer stellt sich ganz besonders die Frage, warum jemand nach so langer Zeit wechselt.

Hier wurde die Überschrift »Zeugnis« gewählt. Fehlt bei Ihrem Zeugnis die Überschrift, bitten Sie um Korrektur.

In dieser Einleitung wurde noch der Geburtsort angegeben. Das kann, muss aber nicht unbedingt so sein. Nicht mehr üblich ist es, die jetzige Wohnanschrift anzuführen (»wohnhaft in ...«), um nicht Vorurteilen bzgl. der sozialen Abstufung bestimmter Wohnorte und -gegenden Vorschub zu leisten.

Zeugnis

Frau Brigitte Fuchs, geboren am 12.01.1960 in Wolfsburg, war vom 01.10.2003 bis zum 31.08.2006 in meiner Praxis als Zahnarzthelferin tätig.

Grundwissen Arbeitszeugnisse

Arbeitszeugnis-Aussteller

Der Arbeitgeber bzw. Dienstherr ist verpflichtet, dem Arbeitnehmer auf begründeten Antrag hin ein Zeugnis auszustellen. Die Anlässe sind das Arbeitsende bzw. Gründe, wie beim Zwischenzeugnis beschrieben.
In größeren Unternehmen ist die Personalabteilung dafür zuständig, in kleineren der Inhaber. Entscheidender Punkt bei der Erstellung eines Arbeitszeugnisses ist neben den inhaltlichen Kriterien die Frage, wer das Zeugnis unterschreibt und damit als Aussteller und evtl. als Ansprechpartner Verantwortung übernimmt.

Ein gleichberechtigter Mitarbeiter, ein Kollege oder die Schreibkraft aus dem Lohnbüro kommen als

Wolfgang Krause verlässt seinen Arbeitgeber, weil er ein Studium aufnehmen möchte. Werfen wir nun einen Blick auf sein Endzeugnis. Dazu werden wir es, wie bei Brigitte Fuchs, Punkt für Punkt analysieren, beginnend bei der **Überschrift**.

Bereits in der Einleitung kann zwischen den Zeilen eine negative Wertung mitschwingen, die dem Laien nicht auffällt, für den geübten Zeugnisleser aber ein »Wink mit dem Zaunpfahl« ist. So können die Aufführung eines »krummen Datums« bei Arbeitsvertragsende (z.B. alles andere als 30. bzw. 31., ggf. 15.), aber auch ein »Nicht-Quartalsende« (z.B. Februar, Juli usw.) negative Aspekte signalisieren. Ebenso abwertend sind scheinbar harmlose Formulierungen wie z.B. »Hiermit bescheinigen wir Herrn Horst Maier, geboren am 12.01.1960, in unserem Unternehmen vom ... bis ... beschäftigt gewesen zu sein«. Hier wird zwischen den Zeilen zum Ausdruck gebracht, dass man nicht viel von dem Mitarbeiter hält.

Es ist übrigens nicht von Nachteil, wenn in der Einleitung lediglich das Eintrittsdatum ins Unternehmen erscheint und das Austrittsdatum bei der Schlussformulierung genannt wird.

Endzeugnis

Herr Krause, geboren am 20.12.1968, war bei uns in der Zeit vom 1. Mai 2001 bis 30. Juni 2006 als Schauwerbegestalter für unsere Dekorationsabteilung beschäftigt.

Wie Sie schon aus den Erläuterungen zum Zeugnisbeispiel von Frau Fuchs entnehmen konnten, sollte schlicht das Wort »Zeugnis« als Überschrift gewählt werden. Die Vorsilbe »End-« ist insofern überflüssig, als man bei einem Zeugnis immer davon ausgeht, dass es endgültig ist. Ausnahmen: Das Zwischenzeugnis und das vorläufige Zeugnis.

Die Einleitung ist in Ordnung, bis auf die Kleinigkeit, dass der Vorname von Herrn Krause vergessen wurde. Er sollte um Korrektur bitten, damit es zweifelsfrei auch sein Zeugnis ist.

Unterzeichner nicht in Frage. Das Arbeitszeugnis muss immer von einem ranghöheren Mitarbeiter unterschrieben werden. Wichtig zu wissen, dass man als Arbeitnehmer keinen Anspruch darauf hat, dass der Chef persönlich unterschreibt (Ausnahme: Er ist der einzige Ranghöhere).

Im öffentlichen Dienst sind der Behördenleiter bzw. sein Stellvertreter, gegebenenfalls auch die Personalabteilung für die Ausstellung des Arbeitszeugnisses zuständig. Vorstellbar sind auch zwei Unterschriften unter Ihrem Arbeitszeugnis, wobei eine von Ihrem direkten Fachvorgesetzten sein darf.

Da der geschulte Blick eines potenziellen neuen Arbeitgebers bei der Zeugnisanalyse garantiert zur Kenntnis nimmt, wer Ihr Zeugnis unterschrieben hat, sollten Sie unbedingt verlangen, dass nicht irgendjemand, sondern möglichst der Geschäftsführer, Direktor, Personalchef, Prokurist, Abteilungsleiter oder wenigstens ein Meister unterschreibt. Je ranghöher die Person, die unterzeichnet, desto mehr Wertschätzung und Glaubwürdigkeit wird durch das Zeugnis belegt. Damit dies auch für den Leser deut-

Dritter Gliederungspunkt eines Zeugnisses ist die **Positions-, Aufgaben- und Tätigkeitsbeschreibung**. Es reicht nicht, nur die Position zu benennen, z.B. Chefsekretärin, sondern es muss eine detaillierte Tätigkeits- und Aufgabenbeschreibung enthalten. Werden nur Position und Funktion erwähnt, ist das ein recht drastischer Hinweis auf Nichtwertschätzung. Typische Merkmale der Aufgabenstellung und des Arbeitsplatzes müssen so vollständig und präzise beschrieben sein, dass ein fachkundiger Dritter sich einen genauen Eindruck vom Aufgabengebiet des beurteilten Arbeitnehmers machen kann. Dazu gehören auch ggf. Informationen über die berufliche Entwicklung im Unternehmen (Zuwachs an Kompetenz, Verantwortung oder auch Eingruppierung in eine höhere Tarifgruppe). Generell gilt bei der Aufgabenbeschreibung, dass zu viele »passive« Formulierungen wie »XY oblag ...« oder »zu den Aufgaben gehörte ...« eine eher negative Tendenz in Richtung mangelnde(r) Leistung/Erfolg/Initiative andeuten können.

Wichtig ist, dass an dieser Stelle nur wirklich Wesentliches genannt wird. Wenn der Arbeitgeber von Frau Fuchs auf Platz 2 der Auflistung erwähnt, dass sie das Telefon bedient hat, beinhaltet eine derartige Überbetonung von Unwesentlichem eine deutliche Negativbeurteilung. Zur Reihenfolge der Aufgabenbeschreibung: Das Wichtigste sollte in der Aufzählung am Anfang stehen.

Zeugnis

Frau Brigitte Fuchs, geboren am 12.01.1960 in Wolfsburg, war vom 01.10.2003 bis zum 31.08.2006 in meiner Praxis als Zahnarzthelferin tätig.

Zu ihren Aufgaben gehörten folgende Tätigkeiten:
- Assistenz am Behandlungsstuhl
- Telefondienst
- Erstellung und Abrechnung von Heil- und Kostenplänen
- Quartalsberechnung für die Krankenkassen
- Erstellung von Privatliquidationen
- Empfang und Betreuung der Patienten
- Führung des Patiententerminbuches

lich wird, sollten unter der maschinenschriftlichen Wiederholung des Namens des Unterzeichnenden auch dessen Titel und Funktion stehen. Auf keinen Fall ist eine Übertragung der Zeugnisausstellung an eine dritte Person zulässig, die gar nicht zum Unternehmen gehört (z.B. an den Anwalt infolge einer arbeitsrechtlichen Auseinandersetzung).

Wann ist das Zeugnis fällig?

Unabhängig ob es sich um eine ordentliche, fristgerechte oder eine außerordentliche und damit fristlose Kündigung handelt und egal ob sie von Arbeitgeber- oder Arbeitnehmerseite ausgeht: Mit der tatsächlichen Beendigung des Arbeitsverhältnisses hat der Arbeitnehmer ein Recht auf ein einfaches bzw. (besser!) auf ein qualifiziertes Arbeitszeugnis. Bei längeren Kündigungsfristen – während der Arbeitnehmer noch weiter beschäftigt, aber bereits auf Arbeitsplatzsuche ist – besteht der berechtigte Anspruch auf ein vorläufiges Arbeitszeugnis. Dieses bindet den Arbeitgeber weitestgehend bei der Formulierung des endgültigen Zeugnisses, es sei denn, in der Zwischenzeit sind nachweislich

Bei der **Positions-, Aufgaben- und Tätigkeitsbeschreibung** gilt als Faustregel: Je qualifizierter und spezialisierter die Tätigkeit und je länger die Zugehörigkeit zum Unternehmen, umso ausführlicher sollte die Darstellung sein. Eine aktuelle Stellenbeschreibung kann bei der Zeugniserstellung hilfreich sein (besonders wenn man das Zeugnis selbst schreiben muss). Da Chefs häufig den detaillierten Tätigkeitsbereich ihrer Mitarbeiter nicht kennen (und auch nicht adäquat beurteilen können), steht dem im Zeugnis Beurteilten gerade bei der wichtigen Aufgabenbeschreibung ein Mitwirkungsrecht zu. Möglicherweise hat der betroffene Arbeitnehmer ein besonderes Interesse daran, dass bestimmte Tätigkeiten herausgestellt werden, weil dies z.B. für seine weiteren beruflichen Pläne oder eine konkrete aktuelle Bewerbung besonders wichtig und dienlich ist.

Zeugnis

Herr Krause, geboren am 20.12.1968, war bei uns in der Zeit vom 1. Mai 2001 bis 30. Juni 2006 als Schauwerbegestalter für unsere Dekorationsabteilung beschäftigt.
Zu seinen Aufgaben gehörten das selbständige Erstellen der Schaufensterdekorationen sowie die Mitarbeit bei der Gestaltung der Warenpräsentation in den Verkaufsräumen. Dazu gehörte auch die Beschaffung der Materialien und die Kontrolle der Kosten. Bei unseren Sonderveranstaltungen war Herr Krause auch für den Entwurf und die Ausführung der Dekorationen zuständig.

Inhaltlich sind die wichtigsten Punkte in der angemessenen Reihenfolge genannt. Hier wurden die Arbeitsaufgaben in ganzen Sätzen beschrieben, im Zeugnis davor wählte der Aussteller die Aufzählungsform per Spiegelstrich. Beides ist möglich und gleichrangig in Ordnung. Allerdings ist es stilistisch nicht sehr schön, zweimal hintereinander das Wort »gehörte« bzw. »gehörten« zu verwenden. Das Gleiche gilt für Füllwörter wie »auch«, »und« etc.

gravierende Dinge vorgefallen, die mit Recht Eingang in das endgültige Arbeitszeugnis finden müssen.

Wann verjährt der Zeugnisanspruch?

Eigentlich erst nach 30 Jahren, aber in der Alltagsrealität empfiehlt es sich, nicht lange zu warten, sondern sein Zeugnis so rasch wie möglich zu erbitten und gegebenenfalls diesen Anspruch juristisch durchzusetzen. Wer hier nachlässig ist, geht bereits nach etwa drei Monaten ein unkalkulierbares Risiko ein.

Am besten also gleichzeitig mit der Kündigungserklärung um die schnelle Ausfertigung eines qualifizierten Zeugnisses bitten. Sollten Sie damit keinen Erfolg haben, müssen Sie wohl oder übel ein vorläufiges Zeugnis akzeptieren, das aber in seiner hoffentlich positiven Beurteilung die letzten Arbeitswochen oder -monate, die oftmals nicht unproblematisch verlaufen (Stichwort Enttäuschungen), »festklopft«.

Eine der heikelsten Zeugniskomponenten ist die **Leistungsbeurteilung** des Arbeitnehmers. Hier schätzt der Arbeitgeber Aspekte ein wie Arbeitsbereitschaft, Arbeitsbefähigung, Arbeitsweise, Arbeitserfolg, ggf. Führungskompetenz. Schließlich folgt zusammenfassend, wie zufrieden man mit den Leistungen des Beurteilten war.

In der Leistungsbeurteilung sind alle notwendigen Bestandteile angesprochen. Falls Frau Fuchs an einer Fortbildung teilgenommen hat, sollte dies noch hinzugefügt werden. Weiterbildungsbereitschaft ist heutzutage besonders wichtig, weil Fachwissen eine äußerst geringe Halbwertszeit hat.

Die zusammenfassende Leistungsbeurteilung ist deutlich abgehoben durch einen eigenen Satz. In Schulnoten ausgedrückt: 2–3. Ohne den Hinweis auf die relativ kurze Mitarbeit wäre es eine glatte 2 (nur knapp zwei Jahre Tätigkeit wegen Mutterschaftsurlaub, s. Zeugnisabschluss S. 22).

Zeugnis

Frau Brigitte Fuchs, geboren am 12.01.1960 in Wolfsburg, war vom 01.10.2003 bis zum 31.08.2006 in meiner Praxis als Zahnarzthelferin tätig.

Zu ihren Aufgaben gehörten folgende Tätigkeiten:
- Assistenz am Behandlungsstuhl
- Telefondienst
- Erstellung und Abrechnung von Heil- und Kostenplänen
- Quartalsberechnung für die Krankenkassen
- Erstellung von Privatliquidationen
- Empfang und Betreuung der Patienten
- Führung des Patiententerminbuches

In den knapp zwei Jahren ihrer Tätigkeit habe ich Frau Fuchs als eine sehr ehrliche und stets pünktliche Mitarbeiterin kennen und schätzen gelernt. Sie führte ihre Arbeiten stets mit großem Engagement, Fleiß und unbedingter Zuverlässigkeit aus. Ferner erledigte sie ihre Arbeiten auch sehr ordentlich, zügig und gewissenhaft und wusste ihr Fachwissen immer erfolgreich einzubringen.
Ich war mit den Leistungen von Frau Fuchs voll und ganz zufrieden.

Wie sieht der gesetzliche Hintergrund aus?

Die gesetzlichen Grundlagen für den Anspruch auf ein Arbeitszeugnis ergeben sich aus verschiedenen Paragrafen des Bürgerlichen Gesetzbuches (BGB), des Handelsgesetzbuches (HGB), der Gewerbeordnung (GewO), des Berufsbildungsgesetzes (BBiG) sowie aus Tarifverträgen. Danach hat jeder Arbeitnehmer, der unselbständig beschäftigt und wirtschaftlich von seinem Arbeitgeber abhängig ist, Anspruch auf ein Arbeitszeugnis.

Generell kann man sagen: Der Arbeitgeber ist gegenüber dem Arbeitnehmer gemäß § 630 BGB verpflichtet, nach Beendigung des Arbeitsverhältnisses ein Zeugnis auszustellen – allerdings nur dann, wenn der Arbeitnehmer dies ausdrücklich verlangt. Es handelt sich somit juristisch gesprochen um eine »Holschuld« und nicht um eine »Bringschuld«. Der Arbeitgeber hat kein Recht, das Arbeitszeugnis zurückzuhalten (z.B. mit der Begründung, Arbeitsgeräte und -kleidung seien noch nicht zurückgegeben worden etc.).

Bei der **Leistungsbeurteilung** wird meistens die zusammenfassende Zufriedenheitsaussage als ausschlaggebend gewertet. Hier gibt es eine allgemein anerkannte Skala von positiven Formulierungen, die quasi einem (Schul-)Notenspiegel gleichkommt.

Zeugnis

Herr Krause, geboren am 20.12.1968, war bei uns in der Zeit vom 1. Mai 2001 bis 30. Juni 2006 als Schauwerbegestalter für unsere Dekorationsabteilung beschäftigt. Zu seinen Aufgaben gehörten das selbständige Erstellen der Schaufensterdekorationen sowie die Mitarbeit bei der Gestaltung der Warenpräsentation in den Verkaufsräumen. Dazu gehörte auch die Beschaffung der Materialien und die Kontrolle der Kosten. Bei unseren Sonderveranstaltungen war Herr Krause auch für den Entwurf und die Ausführung der Dekorationen zuständig.

Während seiner fünfjährigen Tätigkeit in unserem Hause zeigte Herr Krause eine schnelle Auffassungsgabe und großes Engagement. Die Liebe zu seinem Beruf kommt in seinen Arbeitsergebnissen zum Ausdruck, die stets sehr überzeugend waren, da er seine gestalterischen und organisatorischen Fähigkeiten erfolgreich in seine Arbeit einbrachte. Er arbeitete sehr fleißig, ordentlich und zuverlässig und verfügt über ein sehr gutes und solides Fachwissen.

Die ihm übertragenen Arbeiten erledigte Herr Krause stets zu unserer vollen Zufriedenheit.

Die zusammenfassende Leistungsbeurteilung entspricht der Zeugnisnote »gut«. Insgesamt hätte dieser Abschnitt vielleicht noch etwas ausführlicher ausfallen können. So fehlen z.B. Aussagen über Weiterbildung und besondere Arbeitserfolge. Wenn es die jedoch nicht gab, können sie natürlich nicht erwähnt werden.

Noch ein Hinweis: Begriffe wie Fleiß, Ordnung, Zuverlässigkeit sind bei komplexen Arbeitsangaben schlicht zu simpel und nicht als Beschreibungsmerkmal ausreichend.

Bei Leiharbeitern ist der »Verleiher« der eigentliche Arbeitgeber und nicht der »Entleiher«, d.h. der Betrieb, bei dem es zum eigentlichen Arbeitseinsatz kommt und der die Qualität der Arbeit eigentlich besser beurteilen könnte. Freie Mitarbeiter sowie Handelsvertreter haben einen eingeschränkten Anspruch auf ein Arbeitszeugnis, der sich aus ihrem besonderen Vertragsverhältnis ableitet.

Mitarbeiter im öffentlichen Dienst haben nach den Vorschriften des Bundesangestelltentarifvertrags (BAT) ebenfalls Anspruch auf ein Zeugnis. Bei Beamten heißt das Arbeitszeugnis Dienstzeugnis. Bei Rechtsstreitigkeiten ist allerdings bei Beamten nicht das Arbeits-, sondern das Verwaltungsgericht (nach vorangegangenem Widerspruchsverfahren) zuständig.

Geheimsprache Arbeitszeugnis und typische Formulierungen

Der Arbeitgeber ist arbeitsrechtlich gehalten, seinem Arbeitnehmer kein negatives Zeugnis auszustellen. Dies hat zur Folge, dass alle Formulierungen zwar positiv klingen, sich aber eine Art Geheimsprache entwickelt hat, die in chiffrierter Form

Im folgenden Abschnitt geht es um die **Verhaltensbeurteilung.** Gemeint ist das Sozialverhalten des Mitarbeiters am Arbeitsplatz, unter Berücksichtigung seiner Beziehung zu Vorgesetzten, aber auch zu den Kollegen, ggf. zu den ihm unterstellten Mitarbeitern und evtl. Dritten wie Kunden, Lieferanten usw. Aufschlussreich ist in dieser Kategorie die Reihenfolge. Wenn es korrekt formuliert wird, muss zuerst das Verhalten gegenüber den Vorgesetzten beurteilt werden, danach kommen Kollegen und schließlich Dritte. Allerdings ist bei Banken und Versicherungen eine Veränderung zu beobachten. Mitunter werden hier die Kunden an die erste Stelle gesetzt (Hintergrund: »König Kunde«). Wie eine Verhaltensbeurteilung aussehen kann, entnehmen Sie dem weiter fortgesetzten Zeugnis-Beispiel:

Eine nicht überschwängliche (das kleine Wort »stets« fehlt), aber doch halbwegs passable Verhaltensbeurteilung, in der alle Parteien in der ordnungsgemäßen Reihenfolge genannt werden. Sie könnte aber auch besser formuliert sein (s. S. 29).

Zeugnis

Frau Brigitte Fuchs, geboren am 12.01.1960 in Wolfsburg, war vom 01.10.2003 bis zum 31.08.2006 in meiner Praxis als Zahnarzthelferin tätig.

Zu ihren Aufgaben gehörten folgende Tätigkeiten:
- Assistenz am Behandlungsstuhl
- Telefondienst
- Erstellung und Abrechnung von Heil- und Kostenplänen
- Quartalsberechnung für die Krankenkassen
- Erstellung von Privatliquidationen
- Empfang und Betreuung der Patienten
- Führung des Patiententerminbuches

In den knapp zwei Jahren ihrer Tätigkeit habe ich Frau Fuchs als eine sehr ehrliche und stets pünktliche Mitarbeiterin kennen und schätzen gelernt. Sie führte ihre Arbeiten stets mit großem Engagement, Fleiß und unbedingter Zuverlässigkeit aus. Ferner erledigte sie ihre Arbeiten auch sehr ordentlich, zügig und gewissenhaft und wusste ihr Fachwissen immer erfolgreich einzubringen.
Ich war mit den Leistungen von Frau Fuchs voll und ganz zufrieden.
Sie war wegen ihres freundlichen und kollegialen Umgangs bei ihren Vorgesetzten und den Kollegen gleichermaßen beliebt. Gegenüber den Patienten war sie ebenfalls jederzeit hilfsbereit und zuvorkommend.

signalisiert, was wirklich gut und was schlecht war. Dazu hier einige Beispiele (ausführliche Auflistung s. S. 70 ff. und 80 ff.):

- Herr/Frau XY hat die ihm/ihr übertragenen Arbeiten stets und ganz zu unserer vollsten Zufriedenheit erledigt.
- Herr/Frau Z zeigte für seine/ihre Arbeit Verständnis und war mit Interesse bei der Sache. Dabei bemühte er/sie sich immer, allen Anforderungen gerecht zu werden.

Während die erste Formulierung für XY ein wirklich dickes Lob beinhaltet (sehr gute Leistungen), ist die zweite Beurteilung für Z eine Bankrottbescheinigung. Der Text sagt eigentlich: Hier handelt es sich um einen faulen, nichts leistenden Versager.

Sehr gute Leistungen werden formuliert mit:

- ... hat die ihm/ihr übertragenen Arbeiten stets zu unserer vollsten Zufriedenheit erledigt.
- ... waren wir mit seinen/ihren Leistungen in jeder Hinsicht außerordentlich zufrieden.
- ... haben seine/ihre Leistungen in jeder Hinsicht unsere volle/vollste Anerkennung gefunden.

Besonders für Mitarbeiter, deren Aufgabenbereiche in der Organisation und in den Bereichen Produkt- und Projektmanagement liegen, ist eine ausführliche **Verhaltensbeurteilung**, sprich die Darstellung des positiven Sozialverhaltens, von großer Wichtigkeit. Der Umgang mit Kunden (Mandanten, Patienten usw.), Lieferanten, Behörden, Publikum und Besuchern ist je nach Tätigkeitsbereich (z. B. PR-Abteilung oder Empfang) eine wichtige Zeugniskomponente, die eigentlich schon in den Leistungsbereich gehört. Denn soziale Qualifikationen zählen in diesem Zusammenhang zum »Handwerkszeug« und fallen in den Kompetenzbereich. Ein Weglassen legt den Verdacht nahe, gezielt etwas »zwischen den Zeilen« vermitteln zu wollen. Weitere Verhaltensaspekte wie z. B. Teamfähigkeit, Kontaktvermögen, hohe Kommunikations- und Hilfsbereitschaft, Aufgeschlossenheit und Loyalität können sehr wohl auch bei der Beurteilung des Sozialverhaltens Erwähnung finden.

Zeugnis

Herr Krause, geboren am 20.12.1968, war bei uns in der Zeit vom 1. Mai 2001 bis 30. Juni 2006 als Schauwerbegestalter für unsere Dekorationsabteilung beschäftigt. Zu seinen Aufgaben gehörten das selbständige Erstellen der Schaufensterdekorationen sowie die Mitarbeit bei der Gestaltung der Warenpräsentation in den Verkaufsräumen. Dazu gehörte auch die Beschaffung der Materialien und die Kontrolle der Kosten. Bei unseren Sonderveranstaltungen war Herr Krause auch für den Entwurf und die Ausführung der Dekorationen zuständig.

Während seiner fünfjährigen Tätigkeit in unserem Hause zeigte Herr Krause eine schnelle Auffassungsgabe und großes Engagement. Die Liebe zu seinem Beruf kommt in seinen Arbeitsergebnissen zum Ausdruck, die stets sehr überzeugend waren, da er seine gestalterischen und organisatorischen Fähigkeiten erfolgreich in seine Arbeit einbrachte. Er arbeitete sehr fleißig, ordentlich und zuverlässig und verfügt über ein sehr gutes und solides Fachwissen.

Die ihm übertragenen Arbeiten erledigte Herr Krause stets zu unserer vollen Zufriedenheit.

Sein kollegiales Verhalten machte ihn bei Mitarbeitern und Vorgesetzten sehr beliebt.

Achtung: Bei der Verhaltensbeurteilung werden die Mitarbeiter vor den Vorgesetzten genannt. Das sollte Herr Krause unbedingt ändern lassen, sonst signalisiert das Zeugnis, dass das Verhältnis zu seinen Vorgesetzten gestört war.

Ansonsten gilt auch hier, was wir schon in Sachen Leistungsbeurteilung moniert haben: etwas zu knapp, auch wenn es sich in diesem Fall nicht um einen Beruf mit direktem Kundenkontakt handelt.

Gute Leistungen werden mit folgenden Formulierungen beschrieben:
- ... hat die ihm/ihr übertragenen Arbeiten stets zu unserer vollen Zufriedenheit erledigt.
- ... haben ihre/seine Leistungen unsere volle Anerkennung gefunden.
- ... waren wir mit seinen/ihren Leistungen voll und ganz zufrieden.

Befriedigende Leistungen werden mit folgenden Formulierungen beschrieben:
- ... hat die ihm übertragenen Arbeiten zu unserer vollen Zufriedenheit erledigt.
- ... waren wir mit seinen/ihren Leistungen voll/jederzeit zufrieden.
- ... hat unseren Erwartungen in jeder Hinsicht entsprochen.

Ausreichende Leistungen werden umschrieben mit:
- ... hat die ihm/ihr übertragenen Arbeiten zu unserer Zufriedenheit erledigt.
- ... waren wir mit seinen/ihren Leistungen zufrieden.

Mangelhafte Leistungen werden umschrieben mit:
- ... hat die ihm/ihr übertragenen

Nach der Verhaltensbeurteilung folgt der **Abschluss mit Beendigungsgrund**. Dieser Abschnitt wird von Personalchefs bei der Auswahl von Bewerbern sehr aufmerksam gelesen. Allerdings werden die Gründe im Zeugnis nur auf Wunsch des Arbeitnehmers und bei einer betriebsbedingten Kündigung aufgenommen. Eine fristlose Kündigung von Arbeitgeberseite darf nicht im Zeugnis stehen, ist jedoch am »krummen« Datum zu erkennen. In unserem Beispiel ist Frau Fuchs auf eigenen Wunsch gegangen.

Jetzt am Zeugnisende wird es noch mal ganz wichtig, welche Aussageformeln gewählt oder aber auch einfach weggelassen werden.

Die detaillierte Beschreibung der Gründe für das Ausscheiden hinterlässt einen glaubwürdigen und guten Eindruck.

In den vielen Zeugnissen heißt es zwar »auf eigenen Wunsch«. Doch dürfte sich herumgesprochen haben, dass dies wohl kaum der Arbeitsalltagsrealität entspricht.

Zeugnis

Frau Brigitte Fuchs, geboren am 12.01.1960 in Wolfsburg, war vom 01.10.2003 bis zum 31.08.2006 in meiner Praxis als Zahnarzthelferin tätig.

Zu ihren Aufgaben gehörten folgende Tätigkeiten:
- Assistenz am Behandlungsstuhl
- Telefondienst
- Erstellung und Abrechnung von Heil- und Kostenplänen
- Quartalsberechnung für die Krankenkassen
- Erstellung von Privatliquidationen
- Empfang und Betreuung der Patienten
- Führung des Patiententerminbuches

In den knapp zwei Jahren ihrer Tätigkeit habe ich Frau Fuchs als eine sehr ehrliche und stets pünktliche Mitarbeiterin kennen und schätzen gelernt. Sie führte ihre Arbeiten stets mit großem Engagement, Fleiß und unbedingter Zuverlässigkeit aus. Ferner erledigte sie ihre Arbeiten auch sehr ordentlich, zügig und gewissenhaft und wusste ihr Fachwissen immer erfolgreich einzubringen.
Ich war mit den Leistungen von Frau Fuchs voll und ganz zufrieden.
Sie war wegen ihres freundlichen und kollegialen Umgangs bei ihren Vorgesetzten und Kollegen gleichermaßen beliebt. Gegenüber den Patienten war sie ebenfalls jederzeit hilfsbereit und zuvorkommend.
Frau Fuchs hat das Beschäftigungsverhältnis fristgemäß auf eigenen Wunsch gelöst, um sich mit Ablauf des Erziehungsurlaubs ganz der Familie zu widmen.

Arbeiten im Großen und Ganzen zu unserer Zufriedenheit erledigt.
- ... haben seine/ihre Leistungen weitestgehend unseren Erwartungen entsprochen.

Unzureichende Leistungen werden umschrieben mit:
- ... hat sich bemüht, die ihm/ihr übertragenen Aufgaben zu unserer Zufriedenheit zu erledigen.
- ... hat sich bemüht, unseren Erwartungen/Anforderungen zu entsprechen.

Die in Arbeitszeugnissen verwendete Geheimsprache sorgt häufig für Verwirrung, denn nicht jeder Chef (z. B. eines kleineren Unternehmens) kennt die entsprechenden Formulierungen dieses Codes. Möglicherweise weiß ein unbedarfter Chef gar nicht, wenn er selbst ein Zeugnis ausstellt, was er dem nächsten Arbeitgeber – vielleicht völlig unbeabsichtigt – über den Bewerber mitteilt. Es kommt auf die »kleinen«, unscheinbaren Worte an: Die Beschreibung von Zufriedenheit im Arbeitszeugnis ohne weitere Zusätze attestiert lediglich **ausreichende** Leistungen. Im Zusammenhang mit dem Adjektiv »voll« oder besser noch »vollst« – einer sprach-

Wie erwähnt darf eine fristlose Kündigung durch den Arbeitgeber nicht im Zeugnis stehen, was jedoch nicht bedeutet, dass dieser Umstand »unter den Tisch fallen« muss. Der kundige Leser entnimmt dies dem »krummen« Datum, mit dem das Ende des Arbeitsverhältnisses terminiert wird (z.B. 20.2.2000). Auch Abschlusssätze wie »Das Arbeitsverhältnis endet am ...« zeigen, dass einiges schief gelaufen ist, so dass die **Beendigungsformel** neben der Leistungseinschätzung eine wichtige Aussagekraft hat. Zeugnisse werden deutlich entwertet, wenn am Ende entsprechende Floskeln wie »auf eigenen Wunsch« bzw. »einvernehmlich« fehlen.

Zeugnis

Herr Krause, geboren am 20.12.1968, war bei uns in der Zeit vom 1. Mai 2001 bis 30. Juni 2006 als Schauwerbegestalter für unsere Dekorationsabteilung beschäftigt. Zu seinen Aufgaben gehörten das selbständige Erstellen der Schaufensterdekorationen sowie die Mitarbeit bei der Gestaltung der Warenpräsentation in den Verkaufsräumen. Dazu gehörte auch die Beschaffung der Materialien und die Kontrolle der Kosten. Bei unseren Sonderveranstaltungen war Herr Krause auch für den Entwurf und die Ausführung der Dekorationen zuständig.

Während seiner fünfjährigen Tätigkeit in unserem Hause zeigte Herr Krause eine schnelle Auffassungsgabe und großes Engagement. Die Liebe zu seinem Beruf kommt in seinen Arbeitsergebnissen zum Ausdruck, die stets sehr überzeugend waren, da er seine gestalterischen und organisatorischen Fähigkeiten erfolgreich in seine Arbeit einbrachte. Er arbeitete sehr fleißig, ordentlich und zuverlässig und verfügt über ein sehr gutes und solides Fachwissen.

Die ihm übertragenen Arbeiten erledigte Herr Krause stets zu unserer vollen Zufriedenheit.

Sein kollegiales Verhalten machte ihn bei Mitarbeitern und Vorgesetzten sehr beliebt.

Herr Krause verlässt uns zum 30. Juni 2006 auf eigenen Wunsch, da er ein Design-Studium beginnen möchte.

Der Ausscheidungsgrund wird glaubhaft genannt. Herr Krause verlässt das Unternehmen also ganz offensichtlich nicht im Unfrieden – wie auch die folgende Dankes-Bedauern-Zukunfts-Formel verdeutlicht (s. S. 25).

lichen Steigerung, die grammatikalisch bedenklich ist – werden qualifizierte, also bessere Leistungen attestiert. Wichtig: Damit es **»gut«** bzw. **»sehr gut«** bedeutet, bedarf es der Zusätze »stets«, »jederzeit« bzw. der Kombination »jederzeit und in jeder Hinsicht«.

Die Formulierungen »... bescheinigen wir Herrn/Frau XYZ, dass wir mit seinen/ihren Leistungen zufrieden waren ...« oder »... hat Herr/Frau XYZ zufriedenstellend gearbeitet ...« sind Urteile, die in ihrer Schlichtheit knapp die Untergrenze des Akzeptablen beschreiben, also vielleicht gerade noch ein **»ausreichend«** darstellen. Heißt es: Herr/Frau XY »... erledigte die ihm/ihr übertragenen Arbeiten im Großen und Ganzen zu unserer Zufriedenheit ...« oder »... wurde Herr/Frau XY den ihm/ihr übertragenen vielseitigen Aufgaben im Wesentlichen gerecht ...« oder »... entsprachen die Leistungen von Herrn/Frau XY weitestgehend unseren Erwartungen ...«, werden damit **mangelhafte** bis **unzureichende** Arbeitsleistungen attestiert. Die entsprechenden Negativ-Formulierungen stecken in den Zusätzen »Im Großen und Ganzen«, »im Wesentlichen«, »teilweise«, »in etwa«.

Um mit dem Zeugnis einen überzeugenden Eindruck zu hinterlassen, macht es sich gut, wenn der Arbeitgeber eine **Dankes-Bedauern-Zukunfts-Formel** einfügt, wie es auch der Arbeitgeber von Frau Fuchs getan hat:

Hier kommt die Wertschätzung des Arbeitgebers deutlich zum Ausdruck. Achten Sie aber genau auf die Art der Formulierung. Lässt man – anders als in dem Zeugnis von Frau Fuchs – z. B. die Zukunftswünsche wegfallen, wird damit angedeutet, dass man nicht wirklich bedauert, dass der Mitarbeiter bzw. die Mitarbeiterin geht.

Haben Sie den Fehler im letzten Absatz bemerkt? Statt »auf Ihrem weiteren …« muss es »auf ihrem weiteren« heißen. Bitte korrigieren.

Zeugnis

Frau Brigitte Fuchs, geboren am 12.01.1960 in Wolfsburg, war vom 01.10.2003 bis zum 31.08.2006 in meiner Praxis als Zahnarzthelferin tätig.

Zu ihren Aufgaben gehörten folgende Tätigkeiten:
- Assistenz am Behandlungsstuhl
- Telefondienst
- Erstellung und Abrechnung von Heil- und Kostenplänen
- Quartalsberechnung für die Krankenkassen
- Erstellung von Privatliquidationen
- Empfang und Betreuung der Patienten
- Führung des Patiententerminbuches

In den knapp zwei Jahren ihrer Tätigkeit habe ich Frau Fuchs als eine sehr ehrliche und stets pünktliche Mitarbeiterin kennen und schätzen gelernt. Sie führte ihre Arbeiten stets mit großem Engagement, Fleiß und unbedingter Zuverlässigkeit aus. Ferner erledigte sie ihre Arbeiten auch sehr ordentlich, zügig und gewissenhaft und wusste ihr Fachwissen immer erfolgreich einzubringen.
Ich war mit den Leistungen von Frau Fuchs voll und ganz zufrieden.
Sie war wegen ihres freundlichen und kollegialen Umgangs bei ihren Vorgesetzten und Kollegen gleichermaßen beliebt. Gegenüber den Patienten war sie ebenfalls jederzeit hilfsbereit und zuvorkommend.
Frau Fuchs hat das Beschäftigungsverhältnis fristgemäß auf eigenen Wunsch gelöst, um sich mit Ablauf des Erziehungsurlaubs ganz der Familie zu widmen.
Ich bedauere ihr Ausscheiden aus unserem Praxisbetrieb sehr und wünsche Frau Fuchs auf Ihrem weiteren Berufs- und Lebensweg alles Gute, viel Glück und Erfolg.

Noch Schlimmeres wird bescheinigt, wenn man zu Umschreibungen greift wie »bemüht«, »bestrebt« oder »willens«. Auch die Formulierung »… zeigte für seine/ihre Arbeit Verständnis …« enthält im Klartext eine krasse Abwertung der Arbeitsleistung, ein totaler Knockout.

Aussagen über die Führung, wie vorbildliches Verhalten, aufgeschlossenes Wesen, sind mit entsprechendem zeitlichen Zusatz wie »jederzeit« oder »in jeder Hinsicht« positiv. Wird aber formuliert: »… können wir Herrn/Frau XY bestätigen, dass ihr/sein Verhalten gegenüber Kollegen und Kunden einwandfrei war …«, steckt hier der bös-kritische Hinweis auf Fehlverhalten in der Tatsache, dass nichts über das Verhalten gegenüber dem Vorgesetzten gesagt wurde. Gemeint ist: Achtung – hier gab/gibt es Probleme.

Durch die Technik des Weglassens können Arbeitgeber ihre Unzufriedenheit zum Ausdruck bringen: »… Herr/Frau XY war fleißig und ehrlich. Herr/Frau XY verfügt über ein bemerkenswertes Bildungsniveau, das ihn/sie stets zu einem interessanten Gesprächspartner machte. Die Kolleginnen und Kollegen schätzten ihn/sie insbesondere

Auch wenn kein Gericht den Arbeitgeber zwingen kann, die Beendigung des Arbeitsverhältnisses zu bedauern, wenigstens die **Dankes- und Zukunfts-Formel** sollte am Ende unbedingt enthalten sein. Denn gerade hier kommt die Wertschätzung von Seiten des Arbeitgebers deutlich zum Ausdruck. Diese Formel wird somit zu einem entscheidenden Weichensteller für die Gesamtinterpretation.

Zeugnis

Herr Krause, geboren am 20.12.1968, war bei uns in der Zeit vom 1. Mai 2001 bis 30. Juni 2006 als Schauwerbegestalter für unsere Dekorationsabteilung beschäftigt. Zu seinen Aufgaben gehörten das selbständige Erstellen der Schaufensterdekorationen sowie die Mitarbeit bei der Gestaltung der Warenpräsentation in den Verkaufsräumen. Dazu gehörte auch die Beschaffung der Materialien und die Kontrolle der Kosten. Bei unseren Sonderveranstaltungen war Herr Krause auch für den Entwurf und die Ausführung der Dekorationen zuständig.
Während seiner fünfjährigen Tätigkeit in unserem Hause zeigte Herr Krause eine schnelle Auffassungsgabe und großes Engagement. Die Liebe zu seinem Beruf kommt in seinen Arbeitsergebnissen zum Ausdruck, die stets sehr überzeugend waren, da er seine gestalterischen und organisatorischen Fähigkeiten erfolgreich in seine Arbeit einbrachte. Er arbeitete sehr fleißig, ordentlich und zuverlässig und verfügt über ein sehr gutes und solides Fachwissen.
Die ihm übertragenen Arbeiten erledigte Herr Krause stets zu unserer vollen Zufriedenheit.
Sein kollegiales Verhalten machte ihn bei Mitarbeitern und Vorgesetzten sehr beliebt.
Herr Krause verlässt uns zum 30. Juni 2006 auf eigenen Wunsch, da er ein Design-Studium beginnen möchte.
Wir danken für die stets gute Zusammenarbeit und bedauern sehr, Herrn Krause zu verlieren, haben aber Verständnis für seine Entscheidung. Wir wünschen ihm für seinen weiteren Berufs- und Lebensweg alles Gute.

Eine äußerst positive Dankes-Bedauern- und Zukunfts-Formel »krönt« dieses Zeugnis. Die Formulierung ist sehr freundlich, und man nimmt dem Unterzeichner ein echtes Bedauern wirklich ab, obwohl nach »alles Gute« auch »... und viel Erfolg« stehen könnte. Schade nur, dass beide Sätze hintereinander mit »wir« anfangen.

wegen seiner/ihrer mannigfachen Fähigkeiten und seines/ihres humorvollen Wesens ...« Dies ist ein Faustschlag ins Gesicht. Die eigentlich nur als Trias zu verwendende Beschreibung Ehrlichkeit, Pünktlichkeit und Fleiß weist hier eine böse Lücke auf und signalisiert damit grobe Unpünktlichkeit, Unzuverlässigkeit. Der »interessante Gesprächspartner« bedeutet Geschwätzigkeit, das »humorvolle Wesen« unangenehmer Witzbold.

In einer übergeordneten Position dürften Beschreibungskriterien wie die eben genannten überhaupt nicht auftauchen, weil sie schlicht beschreibungsunwürdig sind.

Die Arbeitgeberseite analysiert Ihr Arbeitszeugnis folgendermaßen: Zunächst geht es um den formalen Rahmen, um Angaben über Art und Inhalt Ihrer Tätigkeit, Leistung und Führung, Einschätzung Ihres Arbeitserfolges, eine Bewertung Ihres interpersonellen betrieblichen Verhaltens, Kündigungs- bzw. Ausscheidungsgrund sowie ein Gesamteindruck, der sich aus verschiedenen Aspekten zusammensetzt. Für die Interpretation Ihres Arbeitszeugnisses wird herangezogen, wie was gesagt bzw. was weggelassen wird.

Das **Ausstellungsdatum** am Ende des Zeugnisses signalisiert, mit welchem zeitlichen Abstand zum Trennungsdatum das Arbeitszeugnis geschrieben wurde. Optimalerweise sollten Ausstellungs- und Austrittsdatum übereinstimmen. Eine zeitliche Diskrepanz wird immer als ein Hinweis für Schwierigkeiten bei der Beendigung des Arbeitsverhältnisses interpretiert.

Zum Schluss folgt die **Unterschrift** des Ausstellers. Je hochrangiger der Unterzeichnende in der Unternehmenshierarchie ist, desto wertvoller wird das Zeugnis für den Beurteilten (wenn es gut ausfällt), aber natürlich auch für den Leser.

In Sachen Ausstellungsdatum ist hier alles in bester Ordnung. Austritts- und Ausstellungstag sind identisch. Als Praxisinhaber kann hier nur einer unterschreiben – Dr. Ralf Petersen, der Chef von Frau Fuchs. Übrigens: Es ist wichtig, dass der Name computergeschrieben wiederholt wird und dadurch gut lesbar ist.

Zeugnis

Frau Brigitte Fuchs, geboren am 12.01.1960 in Wolfsburg, war vom 01.10.2003 bis zum 31.08.2006 in meiner Praxis als Zahnarzthelferin tätig.

Zu ihren Aufgaben gehörten folgende Tätigkeiten:
- Assistenz am Behandlungsstuhl
- Telefondienst
- Erstellung und Abrechnung von Heil- und Kostenplänen
- Quartalsberechnung für die Krankenkassen
- Erstellung von Privatliquidationen
- Empfang und Betreuung der Patienten
- Führung des Patiententerminbuches

In den knapp zwei Jahren ihrer Tätigkeit habe ich Frau Fuchs als eine sehr ehrliche und stets pünktliche Mitarbeiterin kennen und schätzen gelernt. Sie führte ihre Arbeiten stets mit großem Engagement, Fleiß und unbedingter Zuverlässigkeit aus. Ferner erledigte sie ihre Arbeiten auch sehr ordentlich, zügig und gewissenhaft und wusste ihr Fachwissen immer erfolgreich einzubringen.
Ich war mit den Leistungen von Frau Fuchs voll und ganz zufrieden.
Sie war wegen ihres freundlichen und kollegialen Umgangs bei ihren Vorgesetzten und Kollegen gleichermaßen beliebt. Gegenüber den Patienten war sie ebenfalls jederzeit hilfsbereit und zuvorkommend.
Frau Fuchs hat das Beschäftigungsverhältnis fristgemäß auf eigenen Wunsch gelöst, um sich mit Ablauf des Erziehungsurlaubs ganz der Familie zu widmen.
Ich bedauere ihr Ausscheiden aus unserem Praxisbetrieb sehr und wünsche Frau Fuchs auf Ihrem weiteren Berufs- und Lebensweg alles Gute, viel Glück und Erfolg.

Wolfsburg, 31. August 2006

Dr. Ralf Petersen

Nicht jeder Arbeitgeber erstellt automatisch mit dem Weggang eines Mitarbeiters das Arbeitszeugnis. Und viele Arbeitnehmer drängen nicht darauf – vielleicht weil sie schon eine neue Stelle gefunden haben. Machen Sie nicht diesen Fehler, denn eine Datendiskrepanz zwischen dem Ausscheiden aus dem Unternehmen und dem **Ausstellungsdatum** des Zeugnisses wird in der Regel als Hinweis für Schwierigkeiten interpretiert (s.S. 23).

Der Zeugnisaussteller muss – wie erwähnt – deutlich ranghöher sein als der Beurteilte, am besten sollte der Firmen- bzw. Praxisinhaber, sein Vertreter oder bei größeren Unternehmen sowohl der Personalchef als auch ggf. der Fachvorgesetzte unterzeichnen. Bei leitenden Angestellten muss ein Mitglied der Geschäftsleitung unterschreiben, da man andernfalls eine Missbilligung vermuten könnte.

> **Zeugnis**
>
> Herr Krause, geboren am 20.12.1968, war bei uns in der Zeit vom 1. Mai 2001 bis 30. Juni 2006 als Schauwerbegestalter für unsere Dekorationsabteilung beschäftigt. Zu seinen Aufgaben gehörten das selbständige Erstellen der Schaufensterdekorationen sowie die Mitarbeit bei der Gestaltung der Warenpräsentation in den Verkaufsräumen. Dazu gehörte auch die Beschaffung der Materialien und die Kontrolle der Kosten. Bei unseren Sonderveranstaltungen war Herr Krause auch für den Entwurf und die Ausführung der Dekorationen zuständig.
>
> Während seiner fünfjährigen Tätigkeit in unserem Hause zeigte Herr Krause eine schnelle Auffassungsgabe und großes Engagement. Die Liebe zu seinem Beruf kommt in seinen Arbeitsergebnissen zum Ausdruck, die stets sehr überzeugend waren, da er seine gestalterischen und organisatorischen Fähigkeiten erfolgreich in seine Arbeit einbrachte. Er arbeitete sehr fleißig, ordentlich und zuverlässig und verfügt über ein sehr gutes und solides Fachwissen.
>
> Die ihm übertragenen Arbeiten erledigte Herr Krause stets zu unserer vollen Zufriedenheit.
>
> Sein kollegiales Verhalten machte ihn bei Mitarbeitern und Vorgesetzten sehr beliebt.
>
> Herr Krause verlässt uns zum 30. Juni 2006 auf eigenen Wunsch, da er ein Design-Studium beginnen möchte.
>
> Wir danken für die stets gute Zusammenarbeit und bedauern sehr, Herrn Krause zu verlieren, haben aber Verständnis für seine Entscheidung. Wir wünschen ihm für seinen weiteren Berufs- und Lebensweg alles Gute.
>
> Münster, 18. Juli 2006
>
> 
>
> – Ferdinand Berger –

Auch wenn es richtig ist und das Zeugnis tatsächlich einige Tage nach dem Weggang von Herrn Krause geschrieben wurde, sollte es doch – um einen falschen Eindruck zu vermeiden – auf das Austrittsdatum zurückdatiert werden.

Zum Schluss schleichen sich noch zwei Formfehler ein: Ferdinand Berger hat unterschrieben. Der Leser kann dem Zeugnis weder Kompetenz noch Rang des Unterzeichners entnehmen. Weiterer Verbesserungsvorschlag: Der Name sollte nicht von Gedankenstrichen eingerahmt werden.

Jetzt noch einmal im Überblick die beiden vollständigen Zeugnisse und die jeweils verbesserte Version:

Dr. Ralf Petersen

– Zahnarzt –

Südring 211
38442 Wolfsburg
Tel./Fax: 05361/77543

Zeugnis

Frau Brigitte Fuchs, geboren am 12.01.1960 in Wolfsburg, war vom 01.10.2003 bis zum 31.08.2006 in meiner Praxis als Zahnarzthelferin tätig.

Zu ihren Aufgaben gehörten folgende Tätigkeiten:

- Assistenz am Behandlungsstuhl
- Telefondienst
- Erstellung und Abrechnung von Heil- und Kostenplänen
- Quartalsberechnung für die Krankenkassen
- Erstellung von Privatliquidationen
- Empfang und Betreuung der Patienten
- Führung des Patiententerminbuches

In den knapp zwei Jahren ihrer Tätigkeit habe ich Frau Fuchs als eine sehr ehrliche und stets pünktliche Mitarbeiterin kennen und schätzen gelernt. Sie führte ihre Arbeiten stets mit großem Engagement, Fleiß und unbedingter Zuverlässigkeit aus. Ferner erledigte sie ihre Arbeiten auch sehr ordentlich, zügig und gewissenhaft und wusste ihr Fachwissen immer erfolgreich einzubringen.

Ich war mit den Leistungen von Frau Fuchs voll und ganz zufrieden.

Sie war wegen ihres freundlichen und kollegialen Umgangs bei ihren Vorgesetzten und Kollegen gleichermaßen beliebt. Gegenüber den Patienten war sie ebenfalls jederzeit hilfsbereit und zuvorkommend.

Frau Fuchs hat das Beschäftigungsverhältnis fristgemäß auf eigenen Wunsch gelöst, um sich mit Ablauf des Erziehungsurlaubs ganz der Familie zu widmen.
Ich bedauere ihr Ausscheiden aus unserem Praxisbetrieb sehr und wünsche Frau Fuchs auf Ihrem weiteren Berufs- und Lebensweg alles Gute, viel Glück und Erfolg.

Wolfsburg, 31. August 2006

Dr. Ralf Petersen

Dr. Ralf Petersen
Südring 211
338442 Wolfsburg
Tel./Fax: 05361/7754354

Bankverbindung
Dt. Apotheker-Ärztebank
BLZ 100 90 60
Kto.-Nr.: 88 766 654

Zeugnis von Brigitte Fuchs, *Achtung:* 1. Version

Dr. Ralf Petersen

– Zahnarzt –

Südring 211
38442 Wolfsburg
Tel./Fax: 05361 77543

Zeugnis

Frau Brigitte Fuchs, geboren am 12.01.1960 in Wolfsburg, war vom 01.10.2003 bis zum 31.08.2006 in meiner Praxis als Zahnarzthelferin tätig.

Zu ihren Aufgaben gehörten folgende Tätigkeiten:

- Assistenz am Behandlungsstuhl
- Erstellung und Abrechnung von Heil- und Kostenplänen
- Quartalsberechnung für die Krankenkassen
- Erstellung von Privatliquidationen
- Empfang und Betreuung der Patienten
- Führung des Patiententerminbuches

Darüber hinaus hat Frau Fuchs in eigener Initiative neben dem Beruf mit hohem zeitlichem Engagement und sehr gutem Ergebnis Fortbildungen im Bereich Praxis-EDV und Laserbehandlungen besucht.

Wir haben Frau Fuchs als eine sehr ehrliche und jederzeit pünktliche Mitarbeiterin kennen und schätzen gelernt. Sie führte ihre Arbeiten stets mit großem Engagement, Fleiß und unbedingter Zuverlässigkeit aus. Ferner erledigte sie ihre Arbeiten sehr ordentlich, zügig und gewissenhaft und wusste ihr Fachwissen immer erfolgreich einzubringen.

Ich war mit den Leistungen von Frau Fuchs voll und ganz zufrieden.

Wegen ihres stets freundlichen und kollegialen Umgangs wurde Frau Fuchs von ihren Vorgesetzten und den Kollegen anerkannt und geschätzt. Gegenüber den Patienten war sie ebenfalls jederzeit hilfsbereit und zuvorkommend.

Frau Fuchs hat das Beschäftigungsverhältnis fristgemäß auf eigenen Wunsch gelöst, um sich mit Ablauf des Erziehungsurlaubs ganz der Familie zu widmen.
Ich bedauere ihr Ausscheiden aus unserem Praxisbetrieb sehr, danke Frau Fuchs und wünsche ihr auf ihrem weiteren Berufs- und Lebensweg alles Gute, viel Glück und Erfolg.

Wolfsburg, 31. August 2006

Dr. Ralf Petersen

Dr. Ralf Petersen

Dr. Ralf Petersen
Südring 211
338442 Wolfsburg
Tel./Fax: 05361 7754354

Bankverbindung
Dt. Apotheker-Ärztebank
BLZ 100 90 60
Kto.-Nr.: 88 766 654

Zeugnis von Brigitte Fuchs, 2., verbesserte Version

Modehaus Frenzen & Söhne
Alkuinstraße 3 48155 Münster Tel.: 0251 3456787

Endzeugnis

Herr Krause, geboren am 20.12.1968, war bei uns in der Zeit vom 1. Mai 2001 bis 30. Juni 2006 als Schauwerbegestalter für unsere Dekorationsabteilung beschäftigt.

Zu seinen Aufgaben gehörten das selbständige Erstellen der Schaufensterdekorationen sowie die Mitarbeit bei der Gestaltung der Warenpräsentation in den Verkaufsräumen. Dazu gehörte auch die Beschaffung der Materialien und die Kontrolle der Kosten. Bei unseren Sonderveranstaltungen war Herr Krause auch für den Entwurf und die Ausführung der Dekorationen zuständig.

Während seiner fünfjährigen Tätigkeit in unserem Hause zeigte Herr Krause eine schnelle Auffassungsgabe und großes Engagement. Die Liebe zu seinem Beruf kommt in seinen Arbeitsergebnissen zum Ausdruck, die stets sehr überzeugend waren, da er seine gestalterischen und organisatorischen Fähigkeiten erfolgreich in seine Arbeit einbrachte. Er arbeitete sehr fleißig, ordentlich und zuverlässig und verfügt über ein sehr gutes und solides Fachwissen.

Die ihm übertragenen Arbeiten erledigte Herr Krause stets zu unserer vollen Zufriedenheit.

Sein kollegiales Verhalten machte ihn bei Mitarbeitern und Vorgesetzten sehr beliebt.

Herr Krause verlässt uns zum 30. Juni 2006 auf eigenen Wunsch, da er ein Design-Studium beginnen möchte.

Wir danken für die stets gute Zusammenarbeit und bedauern sehr, Herrn Krause zu verlieren, haben aber Verständnis für seine Entscheidung. Wir wünschen ihm für seinen weiteren Berufs- und Lebensweg alles Gute.

Münster, 18. Juli 2006

Ferdinand Berger

-Ferdinand Berger-

Modehaus Frenzen & Söhne Städtische Sparkasse Münster Kto.-Nr. 87 654 332 BLZ 100 20 22

Zeugnis von Wolfgang Krause, *Achtung:* 1. Version

Modehaus Frenzen & Söhne
Alkuinstraße 3   48155 Münster   Tel.: 0251 3456787

Zeugnis

Herr Wolfgang Krause, geboren am 20.12.1968, war bei uns in der Zeit vom 1. Mai 2001 bis 30. Juni 2006 als Schauwerbegestalter für unsere Dekorationsabteilung beschäftigt.

Zu seinen Aufgaben gehörten das selbständige Erstellen der Schaufensterdekorationen sowie die Mitarbeit bei der Gestaltung der Warenpräsentation in den Verkaufsräumen. Dazu zählte auch die Beschaffung der Materialien und die Kontrolle der Deko-Kosten. Bei unseren Sonderveranstaltungen war Herr Krause auch für den Entwurf und die Ausführung der Dekorationen zuständig.

Während seiner fünfjährigen Tätigkeit in unserem Hause zeigte Herr Krause immer eine schnelle Auffassungsgabe und großes Engagement. Die Liebe zu seinem Beruf kommt in seinen Arbeitsergebnissen zum Ausdruck, die stets sehr überzeugend waren, da er seine gestalterischen und organisatorischen Fähigkeiten erfolgreich in seinen Verantwortungsbereich einbrachte. Er arbeitete sehr fleißig, ordentlich und zuverlässig und verfügt über ein sehr gutes und solides Fachwissen.

Die ihm übertragenen Arbeiten erledigte Herr Krause stets zu unserer vollen Zufriedenheit.

Die Führung von Herrn Krause war jederzeit vorbildlich.
Sein stets höfliches und kollegiales Verhalten machte ihn bei Vorgesetzten und Mitarbeitern sehr beliebt.

Herr Krause verlässt uns zum 30. Juni 2006 auf eigenen Wunsch, da er ein Design-Studium beginnen möchte.

Wir danken für die stets gute Zusammenarbeit und bedauern sehr, Herrn Krause zu verlieren, haben aber Verständnis für seine Entscheidung. Für seinen weiteren Berufs- und Lebensweg wünschen wir ihm alles Gute und viel Erfolg.

Münster, 30. Juni 2006

Ferdinand Berger
Geschäftsführer

Modehaus Frenzen & Söhne   Städtische Sparkasse Münster   Kto.-Nr. 87 654 332   BLZ 100 20 22

Zeugnis von Wolfgang Krause, 2., verbesserte Version

Im Folgenden möchten wir Ihnen das kommentierte Zeugnis von Rainer Tete präsentieren. Er hat als Verkaufsleiter und stellvertretender Geschäftsführer in einem Hotel in Füssen gearbeitet.

Überschrift und Einleitung sind korrekt.

Die Positions-, Aufgaben- und Tätigkeitsbeschreibung ist angemessen detailliert.

Ebenso die Leistungsbeurteilung: Wachsende Aufgabenbereiche, Verantwortungszuwachs und berufliche Erfolge und die selbst initiierte Fortbildung werden deutlich hervorgehoben (»ausgeprägtes wirtschaftliches Denken«, »schon nach kurzer Einarbeitung«, »präzise Arbeitsweise« etc.).

Einziger Wermutstropfen: die auffallende und störende Formulierung »Gerne bestätigen wir …«. Das klingt so, als wäre man im Unternehmen von selbst nicht darauf gekommen, die Zufriedenheit zu erwähnen, und musste erst vom Beurteilten darum gebeten werden, dieses nachzutragen.

Zeugnis

Herr Rainer Tete, geboren am 16.10.1962 in Berlin, war vom 01.08.2000 bis zum 31.03.2007 als

Verkaufsleiter/stellvertretender Geschäftsführer

in unserer Betriebsgesellschaft, dem Hotel Adler in Füssen, beschäftigt.

Während der Pre-Opening-Phase und bei der Markteinführung unseres dritten Hauses war Herr Tete in Zusammenarbeit mit den Gesellschaftern federführend mit der Gestaltung unserer geschäftspolitischen Richtlinien (Budgets) betraut. Dazu gehörte auch die Organisation unseres Betriebsablaufes sowie die Einstellung, Schulung und Kontrolle von ca. 150 Mitarbeitern.

In seiner Eigenschaft als Verkaufsleiter war Herr Tete für die Planung und Durchführung von Verkaufs- und Werbeaktionen auf dem deutschen und internationalen Markt sowie für die Auslastung unseres Hotelbetriebes eigenverantwortlich tätig. Darüber hinaus gehörte es zu seinen Pflichten, unsere Gesellschaft gegenüber Gästen und Geschäftspartnern in Vertretung der Gesellschafter zu repräsentieren. Dabei zeigte er mit Erfolg ein ausgeprägtes wirtschaftliches Denken und Handeln.

Ab dem 01.01.2002 wurde Herr Tete zusätzlich mit dem Aufbau einer Tagungs- und Bankettabteilung in unserer Gesellschaft beauftragt. Gerne bestätigen wir, mit den Leistungen von Herrn Tete stets sehr zufrieden gewesen zu sein. Schon nach kurzer Einarbeitung zeigte er hohes Können und überdurchschnittlichen Einsatz. Des Weiteren zeichnete er sich besonders durch präzise Arbeitsweise, ausgeprägtes Organisationstalent und kluges Verhandlungsgeschick aus.

Dabei ist positiv anzumerken, dass Herr Tete auch auf seine eigene Initiative hin stets die von der Hotel- und Gaststättenakademie angebotenen Fortbildungsveranstaltungen besuchte.

In Herrn Tete haben wir einen äußerst vertrauenswürdigen und in jeder Hinsicht zuverlässigen Mitarbeiter kennen gelernt, dessen Verhalten gegenüber Vorgesetzten, Mitarbeitern und Gästen stets einwandfrei war.

Durch seine fundierte Kompetenz und sichere Urteilskraft vermochte sich Herr Tete auch in schwierigen Situationen gut zu behaupten und zeigte sich auch unter Belastungen immer souverän.

Seine guten Führungsqualitäten erleichterten ihm dabei seine Aufgabe, die ihm unterstellten Mitarbeiter zu motivieren und zu guten eigenverantwortlichen Leistungen zu führen.

Wir bedauern das Ausscheiden von Herrn Tete aus unserem Unternehmen, das er auf eigenen Wunsch verlässt. Mit dem Dank für die erfolgreiche Zusammenarbeit verbinden wir unsere guten Wünsche für seinen weiteren Lebens- und Berufsweg.

Füssen, 31.03.2007

BETRIEBSGESELLSCHAFT HOTEL ADLER GMBH

Dr. Dieter Fitz

Dr. Dieter Fitz
Geschäftsführender Hauptgesellschafter

Die Verhaltensbeurteilung nennt in der angemessenen Ausführlichkeit seine Stärken und in der entscheidenden Reihenfolge Vorgesetzte, Mitarbeiter und Gäste.

In diesem Abschnitt wird die für eine Führungskraft unabdingbare Führungskompetenz gut betont.

Die Dankes-Bedauern- und Zukunfts-Formel sowie die Unterschrift entsprechen der guten Norm. Position und Kompetenz des Unterzeichners sind benannt.

Fazit: Formal und inhaltlich ist das Zeugnis gut und entspricht der Note 2. Die Ausführlichkeit und Wertschätzung ist zu loben. Ein gutes, vielleicht sogar besseres Zeugnis, wenn die eine beanstandete Floskel nicht wäre.

Auf den nächsten Seiten folgt das Arbeitszeugnis eines Verkaufssachbearbeiters in einer Vorher- und Nachher-Version. Sehen und beurteilen Sie selbst den Unterschied:

A C Bauteile-GmbH
B Kafkaweg 23 – 55128 Mainz – Tel.: 06131 338799

Zeugnis

Herr Bernd Müller, geb. am 3.2.1964, wohnhaft in der Nabelstr. 29 in 55203 Zahlendorf 3, trat am 1.2.2004 als kaufmännischer Angestellter in unser Unternehmen ein.

Aufgrund seiner guten Auffassungsgabe konnte die Einarbeitung in seinen Aufgabenbereich als Verkaufssachbearbeiter schnell und problemlos erfolgen.

Zu den wesentlichen Tätigkeiten in seinem Arbeitsbereich gehörten der telefonische Kontakt zu unserer Kundschaft, die Bearbeitung der eingehenden Interessentenanfragen, das Erstellen von Angeboten auf der Grundlage unserer Rahmenkonditionen, die Auftragsannahme und -bearbeitung sowie die Kartei- und Kassenführung, die Ablage und allgemeine Büroarbeiten.

Wir können Herrn Müller gerne bestätigen, dass er über gute Fachkenntnisse verfügt, die er in seiner täglich anfallenden Arbeit geschickt einzusetzen weiß. Stets erledigte er alle ihm übertragenen Aufgaben zu unserer vollsten Zufriedenheit. Besonders betonen möchten wir seine enorme Einsatzbereitschaft und absolute Loyalität gegenüber unserem Unternehmen. Durch seine gerade, aufrichtige Art war er bei seinen Vorgesetzten und Kollegen gleichermaßen beliebt wie auch geschätzt.

Herr Müller ist zum 31.3.2007 auf eigenen Wunsch aus unserem Unternehmen ausgeschieden, um sich einer weiterführenden Aufgabe zu widmen. Wir respektieren seine Entscheidung, danken für die geleistete Arbeit und wünschen ihm für seine private wie auch berufliche Zukunft alles Gute.

Zahlendorf, 15. April 2007

ABC Bauteile-GmbH

Meier Lerche

ABC Bauteile-GmbH Commerzbank AG Mainz Kto.-Nr. 444 654 438 BLZ 100 550 00

Zeugnis von Bernd Müller, 1. Version

A C B **Bauteile-GmbH**
Kafkaweg 23 – 55128 Mainz – Tel.: 06131 338799

Zeugnis

Herr Bernd Müller, geb. am 03.02.1964 in Berlin, trat am 01.02.2004 als kaufmännischer Angestellter in unser Unternehmen ein.

Aufgrund seiner guten Auffassungsgabe konnte die Einarbeitung in seinen Aufgabenbereich als Verkaufssachbearbeiter schnell und problemlos erfolgen. Schon sehr bald arbeitete er vollkommen selbständig.

Zu den wesentlichen Tätigkeiten in seinem Arbeitsbereich gehörten der telefonische Verkauf und die Kontaktpflege zu unserer Kundschaft, die selbständige Bearbeitung der eingehenden Interessentenanfragen, das Erstellen von Angeboten auf der Grundlage unserer Rahmenkonditionen, die Auftragsannahme und -bearbeitung sowie die Kartei- und Kassenführung, die Ablage und sonstige allgemeine Büroarbeiten.

Herr Müller verfügt über gute Fachkenntnisse, die er in seiner täglich anfallenden Arbeit sicher und effizient einsetzt. Stets erledigte er alle ihm übertragenen Aufgaben zu unserer vollsten Zufriedenheit.

Besonders zu betonen ist seine hohe Einsatzbereitschaft sowie seine Loyalität gegenüber unserem Unternehmen. Durch seine freundliche, kooperative Wesensart war er stets bei seinen Vorgesetzten und Kollegen gleichermaßen beliebt wie auch geschätzt. Auch gegenüber unseren Kunden war sein Verhalten jederzeit vorbildlich.

Herr Müller ist zum 31.03.2007 auf eigenen Wunsch aus unserem Unternehmen ausgeschieden, um sich einer weiterführenden Aufgabe zu widmen. Wir respektieren seine Entscheidung, danken für die geleistete Arbeit und wünschen ihm für seine berufliche wie auch private Zukunft alles Gute und viel Erfolg.

Zahlendorf, 1. April 2007

ABC Bauteile-GmbH

Meier	Lerche
Personalleitung	Abteilungsleiter

ABC Bauteile-GmbH Commerzbank AG Mainz Kto.-Nr. 444 654 438 BLZ 100 550 00

Zeugnis von Bernd Müller, 2., überarbeitete Version

Kommentar zur 1. Zeugnis-Version von Bernd Müller

Formal wirkt das Arbeitszeugnis zunächst noch recht unauffällig. Wir prüfen schnell Ende und Anfang. Zunächst aber: Die Länge des Zeugnisses ist für etwa drei Jahre Betriebszugehörigkeit in Ordnung.

Jedoch ist die Kompetenz und der Rang des Unterzeichnenden leider nicht zu identifizieren. Das Ausstellungsdatum ist allerdings auffällig (Monatsmitte), denn eigentliches Vertragsende war der 31.3.

Der Ausscheidungsgrund erscheint glaubhaft, der Dank für geleistete Arbeit stellt ein Extra-Lob dar und steht im Kontrast zu den zuerst genannten Auffälligkeiten. Heutzutage im Arbeitszeugnis noch die Adresse des Arbeitnehmers anzugeben, ist unzulässig und absolut unprofessionell, wenn auch kein wirkliches Desaster.

Die Aufzählung der Tätigkeiten ist etwas nebulös, ebenso wie die Formulierungen »können wir bestätigen ...« und »Fachkenntnisse geschickt einzusetzen wissen«. Das entwertet die »stets ... vollste Zufriedenheit«, und auch bei der Beschreibung von Charakter und Verhalten (Fachausdruck: Führung) tut man Herrn Müller mit diesen Formulierungen nicht viel Gutes. Zum Teil wird übertrieben ironisch formuliert, manches Lob klingt nicht so, als ob es freiwillig mit gutem Gewissen gegeben wird.

Selbst die Abschlussformel ist leider nicht korrekt, da hier zuerst die private statt die berufliche Zukunft aufgeführt wird. Und lediglich nur gute Wünsche ist auch ein bisschen wenig.

Fazit:
Der Aussagewert ist für den so Beurteilten zweifelhaft. Dieses Zeugnis sollte zurückgegeben und überarbeitet werden. Einschätzung: wenig hilfreich für den Empfänger und somit kaum noch ausreichend.

Kommentar zur 2., überarbeiteten Version

Zwei ausgewiesene Unterzeichner sind in ihrer Personalverantwortung eindeutig zu identifizieren und werten das Zeugnis auf. Das Testat der schnellen Einarbeitung wird zusätzlich positiv herausgestellt durch den neu eingefügten Satz (»schon sehr bald arbeitete er vollkommen selbständig«).

Auch die Aufgabenbeschreibung wirkt jetzt viel gewichtiger. Auf die sorgfältige Formulierung kommt es auch hier an.

Jetzt sind die zweideutigen, missverständlichen Passagen (»können wir bestätigen ...«) beseitigt und in klaren Sätzen wird Fachkompetenz und effizienter Arbeitsstil bescheinigt, so dass die stets vollste Zufriedenheit glaubhaft und gewichtig vermittelt wird. Dies trifft auch voll für seine Verhaltensbeurteilung zu und setzt sich fort bis an den Zeugnisschluss, der hier korrekt getextet ist und rund klingt.

Fazit:
Nach der Überarbeitung handelt es sich um ein gutes, fast schon sehr gutes Zeugnis.

Die nächsten beiden Seiten zeigen wieder zwei Versionen eines Arbeitszeugnisses. Versuchen Sie, zunächst die Unterschiede zu erkennen und zu bewerten, bevor Sie den Kommentar lesen.

Kommentar zur 1. Zeugnis-Version von Barbara Igel

Eine auffällig kurze Verweildauer (zehn Monate) rechtfertigt auch ein relativ kurzes Zeugnis. Aber der erste formale Eindruck ist bereits dadurch geprägt und nicht zum Besten.

Erfreulich: Der Unterzeichner wird in seiner Kompetenz glaubhaft und klar ausgewiesen; nicht so der Kündigungsgrund, der geradezu instinktiv Unangenehmes ahnen lässt. Der letzte Satz ist zu kurz und knapp. Zwar kann man sich die inhaltlich spärliche Ausgestaltung noch gut durch die zeitlich stark begrenzte Mitarbeit erklären, alles Wesentliche ist scheinbar enthalten und wird noch recht positiv zur Darstellung gebracht. Trotzdem ahnt man schon, dass hier etwas nicht stimmen kann.

Spätestens beim etwas intensiveren Lesen fällt auf, dass die Reihenfolge der Personengruppen in der Verhaltensbeurteilung nicht korrekt gewählt wurde. Nach den Vorgesetzten kommen die Mitarbeiter und nicht wie üblich die Kollegen. Da gab es also Schwierigkeiten, lautet die korrekte Interpretation einer solchen Abfolge, und man denkt an Kollegen-Mobbing.

Leider hilft auch nicht die gute Gesamtbeurteilung, die bei so kurzer Verweildauer (weniger als zwölf bis 15 Monate) und/oder Text (knappe halbe Seite) immer schnell an Aussagewert verliert und hier praktisch ohne Bedeutung bleibt, ja das Ganze nur noch ärmlicher aussehen lässt. So ein Zeugnis ist eine Katastrophe für den Beurteilten.

Fazit:
Kein ordentliches Zeugnis, sondern Anlass zur Sorge, wenn ein Anruf beim ehemaligen Arbeitgeber den Sachverhalt, der hier zwischen den Zeilen vermittelt wird, auch noch bestätigt. Der erfahrene Personalentscheider wird schon aufgrund der hier gewählten Formulierungen eher Abstand von einem solchen Anruf nehmen und wohl auch nicht zum Vorstellungsgespräch einladen. Einschätzung: sehr, sehr unbefriedigend.

Kommentar zur 2., überarbeiteten Version

Wenige Änderungen beweisen: So geht es viel besser, so kann man aus einer Beurteilungs-Katastrophe zwar kein glanzvolles »Goldstück« machen, aber mit diesem überarbeiteten Zeugnis besteht doch wenigstens noch die Chance, zum Vorstellungsgespräch eingeladen zu werden.

Neben dem Weglassen des Telefondienstes sind es vor allem die letzten beiden Absätze, die etwas verändert worden sind. Sie transportieren dafür jetzt eine (auf den ersten Blick) nicht mehr so furchtbare Botschaft. Dass lediglich ein Geschäftsführer unterschreibt, ist ohne Bedeutung.

Nächste Aufgabe ab Seite 40:

Sie haben drei Zeugnisversionen einer Bibliothekarin vor sich. Für welche würden Sie sich entscheiden, wenn Sie Frau Seidel beraten müssten und für sie das beste Arbeitszeugnis wollten? Nur ein Zeugnis ist sehr gut, wissen Sie welches?

U N O X I N A - GmbH

30449 Hannover
Kirchstraße 12
Telefon: 0511 2076566

Arbeitszeugnis

Frau Barbara Igel, geboren am 23. November 1960, war bei uns vom 1. März 2006 bis zum 31. Dezember 2006 als Sachbearbeiterin für den Einkauf tätig.

Frau Igel hat sich recht schnell eingearbeitet. Zu ihrem Aufgabengebiet gehörten u.a. der Telefondienst, die laufende Bestellung von Handelswaren sowie die Kontrolle der Warenlieferungen und die Rechnungskontrolle. Die Bestellerfassung und das Verbuchen der eingehenden Warenlieferungen erfolgte mittels EDV. Außerdem war Frau Igel für die Überwachung der Lagerbestände, für die Pflege der Artikelstammdaten sowie für die Aktualisierung unserer Preisliste zuständig. Zusätzlich übernahm sie auch die Führung des Portobuches.

Die zu ihrem Aufgabengebiet gehörenden Tätigkeiten hat Frau Igel immer selbständig und zu unserer vollen Zufriedenheit ausgeführt.

Ihr Verhalten gegenüber Vorgesetzten, Mitarbeitern und Kollegen war jederzeit einwandfrei.

In wechselseitigem Einvernehmen mussten wir das Arbeitsverhältnis mit Frau Igel zum 31. Dezember 2006 auflösen.

Wir wünschen Frau Igel alles Gute.

Hannover, 05.01.2007

UNOXINA-GMBH

Peter Hein
Geschäftsführer

Unoxina-GmbH
Geschäftsführer: Peter Hein, Franz Müller

Volksbank Hannover
Konto-Nr. 764 457 697
BLZ 255 550 00

Zeugnis von Barbara Igel, 1. Version

UNOXINA-GmbH

30449 Hannover
Kirchstraße 12
Telefon: 0511 2076566

Arbeitszeugnis

Frau Barbara Igel, geboren am 23. November 1960, war bei uns vom 1. März 2006 bis zum 31. Dezember 2006 als Sachbearbeiterin für den Einkauf tätig.

Frau Igel hat sich schnell eingearbeitet. Zu ihrem Aufgabengebiet gehörten die laufende Bestellung von Handelswaren sowie die Kontrolle der Warenlieferungen und die Rechnungskontrolle. Die Bestellerfassung und das Verbuchen der eingehenden Warenlieferungen erfolgte mittels EDV. Außerdem war Frau Igel für die Überwachung der Lagerbestände, für die Pflege der Artikelstammdaten sowie für die Aktualisierung unserer Preisliste zuständig.

Die zu ihrem Aufgabengebiet gehörenden Tätigkeiten hat Frau Igel immer selbständig und stets zu unserer vollen Zufriedenheit ausgeführt.

Ihr Verhalten gegenüber Vorgesetzten, Kollegen und Mitarbeitern war jederzeit einwandfrei. Alle schätzten ihre Hilfsbereitschaft.

Frau Igel verlässt unser Unternehmen zum 31. Dezember 2006. Wir danken ihr für ihre Mitarbeit und wünschen ihr beruflich und persönlich alles Gute und viel Erfolg.

Hannover, 31.12.2006

UNOXINA-GMBH

Peter Hein
Geschäftsführer

Unoxina-GmbH
Geschäftsführer: Peter Hein, Franz Müller

Volksbank Hannover
Konto-Nr. 764 457 697
BLZ 255 550 00

Zeugnis von Barbara Igel, 2., überarbeitete Version

Zentrale Stadtbibliothek Bremerhaven, Lange Weihe 13, 25067 Bremerhaven Mitte

Zeugnis

Frau Stefanie Seidel, geboren am 28.4.1960 in Frankfurt/Main, war vom 1.6.2004 bis zum 31.7.2006 als Leiterin für die Stadtbibliothek Bremerhaven tätig.
Das System der Einrichtung umfasst eine Zentralbibliothek mit Erwachsenen-, Kinder- und Musikabteilung sowie zwei Stadtteilbibliotheken mit einem Gesamtbestand von 240.000 Medieneinheiten. Zu ihren Hauptaufgaben gehörten:

- Bearbeitung der Fernleihe
- Bearbeitung der Bibliothekskorrespondenz
- Telefondienst der Bibliothek
- Formalkatalogisierung des Bestandes nach RAK
- Inventarisierung der Bibliotheksbestände
- Aktualisierung und Ergänzung des vorhandenen Buchbestandes
- Sachkatalogisierung des Bibliotheksbestandes
- Betreuung neuer Medien
- Bestandsaufnahme und Bestellung neuer Bücher
- Fachauskunft und Beratung der Bibliothekskunden bei der Medienauswahl
- Durchführung von Bibliotheksführungen für einzelne Kunden und Gruppen
- Ergänzung des Wissensangebotes durch weiterführende Informationen und Veranstaltungen
- Öffentlichkeitsarbeit der Stadtbibliothek
- Verwaltungsführung der Stadtbibliothek
- Umstellung der Bibliotheksverwaltung auf EDV (Bibliothekssystem „SISIS")
- Durchführung von Kooperationsprojekten im Schul- und Kulturbereich
- Anleitung und Betreuung der ihr unterstellten Bibliothekare und anderer Bibliotheksmitarbeiter

Frau Seidel zeigte eine gute Einsatzbereitschaft, wobei ihre optimistische Haltung auch in schwierigen Arbeitssituationen sehr motivierend wirkte. Sie war den Anforderungen und Belastungen ihres Arbeitsbereiches recht gut gewachsen. Wir können bestätigen, dass die Arbeit von Frau Seidel hohe Ansprüche erfüllte. Sie ist weiterbildungsmotiviert und hat sich in eigener Initiative neben ihrem beruflichen Engagement in der EDV-gestützten Bibliotheksverwaltung weitergebildet. Die Leistungen von Frau Seidel verdienen unsere Anerkennung.

Frau Seidels Kooperation mit Vorgesetzten, Mitarbeitern und Kollegen war gut. Auch von unseren Bibliothekskunden wurde sie geschätzt.

Frau Seidel trennt sich zum 31. Juli 2006 von unserer Stadtbibliothek aus eigenem Entschluss. Wir wünschen Frau Seidel alles Gute auf ihrem persönlichen und beruflichen Lebensweg.

Bremerhaven, 8.8.06
Magistrat der Stadt Bremerhaven

Christoph Künerling

Personalamt

Zeugnis von Stefanie Seidel, 1. Version

Zentrale Stadtbibliothek Bremerhaven, Lange Weihe 13, 25067 Bremerhaven Mitte

Zeugnis

Bremerhaven, 31.07.2006

Frau Stefanie Seidel, geboren am 28.04.1960 in Frankfurt/Main, war vom 01.06.2004 bis zum 31.07.2006 als Leiterin für die Stadtbibliothek Bremerhaven tätig.
Das System der Einrichtung umfasst eine Zentralbibliothek mit Erwachsenen-, Kinder- und Musikabteilung sowie zwei Stadtteilbibliotheken mit einem Gesamtbestand von 240.000 Medieneinheiten.

Zu ihren Hauptaufgaben gehörte

- Anleitung und Betreuung der ihr unterstellten Bibliothekare und anderer Mitarbeiter
- Bearbeitung der Bibliothekskorrespondenz
- Formalkatalogisierung des Bestandes nach RAK
- Inventarisierung der Bibliotheksbestände
- Aktualisierung und Ergänzung des vorhandenen Buchbestandes
- Sachkatalogisierung des Bibliotheksbestandes
- Öffentlichkeitsarbeit der Stadtbibliothek
- Verwaltungsführung der Stadtbibliothek
- Umstellung der Bibliotheksverwaltung auf EDV (Bibliothekssystem „SISIS")
- Durchführung von Kooperationsprojekten im Schul- und Kulturbereich

Stets zeigte Frau Seidel eine hervorragende Einsatzbereitschaft, wobei ihre optimistische Grundhaltung auch in schwierigen Arbeitssituationen auf alle Mitarbeiter immer sehr motivierend wirkte. Sie war den besonderen Anforderungen und Belastungen ihres Arbeitsbereiches jederzeit gut gewachsen. Die Arbeit von Frau Seidel erfüllte stets höchste Ansprüche. Sie ist weiterbildungsmotiviert und hat sich in eigener Initiative neben ihrem beruflichen Engagement mit guten Ergebnissen in der EDV-gestützten Bibliotheksverwaltung fortgebildet.

Frau Seidel zeichnete verantwortlich für die Anleitung und Betreuung der ihr unterstellten Bibliothekare und anderer Bibliotheksmitarbeiter. Ihr standen 14 Vollzeit- und zwölf Teilzeitkräfte zur Verfügung. Die ihr unterstellten Mitarbeiter schätzten ihre klare und gerechte Wesensart. Es gelang Frau Seidel, ihre Mitarbeiter stets zu guten Leistungen zu motivieren und deren Fortbildung zu fördern.

Die Leistungen von Frau Seidel verdienen in jeder Hinsicht unsere ganze Anerkennung.

Die Kooperation von Frau Seidel mit Vorgesetzten, Kollegen und Mitarbeitern war jederzeit gut. Auch von unseren Bibliothekskunden wurde sie aufgrund ihrer freundlich-verbindlichen Art sehr geschätzt.

Zum 31. Juli 2006 verlässt uns Frau Seidel aus eigenem Entschluss, um sich einer anderen beruflichen Herausforderung zu stellen. Mit Bedauern über ihr Ausscheiden danken wir Frau Seidel für ihre stets guten Leistungen und die angenehme Zusammenarbeit und wünschen ihr für ihre berufliche Zukunft alle Gute und weiterhin viel Erfolg.

Magistrat der Stadt Bremerhaven

Christoph Kümmerling
Personalamtsleiter

Zeugnis von Stefanie Seidel, 2. Version

Zentrale Stadtbibliothek Bremerhaven, Lange Weihe 13, 25067 Bremerhaven Mitte

Zeugnis

Frau Stefanie Seidel, geboren am 28.04.1960 in Frankfurt/Main, war vom 01.06.2004 bis zum 31.07.2006 für die Stadtbibliothek Bremerhaven tätig.
Das System der Einrichtung umfasst eine Zentralbibliothek mit Erwachsenen-, Kinder- und Musikabteilung sowie zwei Stadtteilbibliotheken mit einem Gesamtbestand von 240.000 Medieneinheiten und gehört damit zu den mittleren Bibliotheken in Niedersachsen.

Zu den Hauptaufgaben von Frau Seidel gehörten neben der Fernleihe und der Erledigung der Bibliothekskorrespondenz die Formalkatalogisierung des Bestandes nach RAK sowie die Inventarisierung der Bibliotheksbestände. Sie übernahm die Verantwortung für die Aktualisierung und Ergänzung des vorhandenen Buchbestandes, für die Sachkatalogisierung des Bibliotheksbestandes und betreute auch alle neuen Medien. Des Weiteren engagierte sich Frau Seidel auch persönlich bei der Durchführung von Bibliotheksführungen für einzelne Kunden und Gruppen. Sie übernahm die Öffentlichkeitsarbeit und Verwaltungsführung der Stadtbibliothek und engagierte sich vorbildlich bei der Durchführung von Kooperationsprojekten im Schul- und Kulturbereich.

Besonders hervorzuheben ist ihr erfolgreicher Einsatz bei der Umstellung der Bibliotheksverwaltung auf EDV (Bibliothekssystem „SISIS“).

Frau Seidel zeichnete verantwortlich für die Anleitung und Betreuung der ihr unterstellten Bibliothekare und anderer Bibliotheksmitarbeiter. Ihr standen 14 Vollzeit- und zwölf Teilzeitkräfte zur Verfügung.

Stets zeigte Frau Seidel eine gute Einsatzbereitschaft, wobei ihre optimistische Haltung auch in schwierigen Arbeitssituationen sehr motivierend wirkte. Sie zeigte sich auch den Anforderungen und Belastungen ihres Arbeitsbereiches immer gut gewachsen. Wir können jederzeit bestätigen, dass die Arbeit von Frau Seidel stets hohe Ansprüche erfüllte. Sie ist weiterbildungsmotiviert und hat sich in eigener Initiative neben ihrem beruflichen Engagement mit guten Ergebnissen in der EDV-gestützten Bibliotheksverwaltung weitergebildet. Die Leistungen von Frau Seidel verdienen unsere volle, ganze Anerkennung.

Frau Seidels Kooperation mit Vorgesetzten, Kollegen und Mitarbeitern war stets gut. Auch von unseren Bibliothekskunden wurde sie geschätzt. Die ihr unterstellten Mitarbeiter schätzten ihre klare und gerechte Wesensart.

Frau Seidel trennt sich zum 31. Juli 2006 von unserer Stadtbibliothek aus eigenem Entschluss. Mit Bedauern über ihr Ausscheiden danken wir Frau Seidel für ihre guten Leistungen und wünschen ihr alles Gute und viel Erfolg.

08.08.2006
Magistrat der Stadt Bremerhaven

Christoph Kiesling

Personalamtsleiter

Zeugnis von Stefanie Seidel, 3. Version

Kommentar zur 1. Zeugnis-Version von Frau Seidel

Bei diesem Zeugnis für eine zweijährige Leitungstätigkeit fällt als Erstes die äußerst lange Auflistung der Tätigkeiten ins Auge. Nach genauerer Betrachtung des gesamten Zeugnisses fragt sich der Leser, was hier wohl nicht stimmt. Auch die Formulierungen zum Abschluss des Zeugnisses sind nicht angetan, einen positiven Eindruck zu vermitteln (ziemlich knapp und kalt). Die meisten Absatzanfänge beginnen mit »Frau Seidel …«.

Für eine Führungskraft sollte eine Auflistung der Tätigkeiten vielleicht eher mit einem Einleitungssatz wie folgt beginnen: »Der Wirkungs- und Verantwortungsbereich von Frau XY umfasste im Wesentlichen die selbständige Erledigung folgender Schwerpunktaufgaben: …« oder »Hauptaufgaben in dieser mit großem Gestaltungsspielraum und Eigenverantwortung ausgestatteten Position waren: …«.

Die gesamte Aufgabenbeschreibung ist relativ nichtssagend und undifferenziert, die Reihenfolge der genannten Tätigkeiten entspricht nicht der Rangfolge der Wichtigkeit. Des Weiteren werden hier Aufgaben genannt, die für eine Führungskraft selbstverständlich und sehr unwesentlich sind, wie z.B. »Telefondienst der Bibliothek« oder »Inventarisierung der Bestände«. Insgesamt ist dieser Absatz dringend zu überarbeiten und entsprechend dem Rang und der Kompetenz einer Führungskraft umzuformulieren.

Die Leistungsbeurteilung enthält Aussagen über Arbeitsbereitschaft, -befähigung und -erfolge, die vielleicht gerade noch einer ganz knappen, durchschnittlichen Bewertung entsprechen, auch weil sie sehr kurz sind und ohne jede adverbiale Bestimmung der Zeit (stets, immer, jederzeit etc.).

Leider kommt hier die unschöne Einleitung »Wir können bestätigen, dass …« im letzten Satz vor, die dringend zu vermeiden ist, da der Eindruck entstehen kann, dass der Kandidat diese Aussage dem Arbeitgeber abgerungen hat. Danach folgt ein Satz über die Weiterbildungsmotivation mit der Note »knapp befriedigend«. Das Führungsverhalten wird dagegen nicht angesprochen. Der Leser erfährt auch nicht, wie viele Mitarbeiter dieser Führungskraft unterstellt waren.

Die zusammenfassende Leistungsbeurteilung wird mit einer noch befriedigenden Bewertung beschrieben, das Verhalten nur sehr kurz dargelegt.

Im Abschluss verbirgt die Formulierung »trennt sich aus eigenem Entschluss« die Möglichkeit, dass es sich hier um eine vom Arbeitgeber geforderte Eigenkündigung handelt. Ohne Dank und Bedauern gibt es nur sehr knappe Zukunftswünsche. Das Datum entspricht nicht dem Arbeitsende und die Position des Unterzeichnenden fehlt.

Fazit:
Ein rundum unbefriedigendes Zeugnis, das einer Führungskraft nicht gerecht wird. Die Tätigkeitsbeschreibung sowie die anderen angesprochenen Aspekte sind zu korrigieren. In dieser Form ist das Zeugnis ein Stolperstein für zukünftige Bewerbungen.

Kommentar zur 2. Version

Hier finden wir eine ganz andere, viel bessere und freundlichere Variante. Angefangen bei der geschickteren Aufgabenaufzählung über die Verwendung der adverbialen Bestimmungen der Zeit (stets, jederzeit, immer …) bis hin zu Aussagen über die Weiterbildungsbereitschaft und den erzielten Erfolg, die konkrete Mitarbeiterzahl und den Führungsstil sowie die Mitarbeiter-Motivationsfähigkeit, alles klingt deutlich anders, sehr viel positiver.

Die Formulierung ist insgesamt sorgfältiger, die Absatzanfänge wurden variiert und die Abschlussformel ist ausführlicher und netter gewählt. Der Aussteller ist namentlich und von seiner Position her eindeutig zu identifizieren und hebt so den Wert dieses Zeugnisses. Auch das Ausstellungsdatum (oben) ist ok.

Fazit:
Ohne Zweifel ist es jetzt ein gutes Zeugnis, das aber aufgrund der relativ kurzen Verweildauer (zwei Jahre in der Leitungsfunktion) wohl kritische Nachfragen nach sich ziehen wird.

Kommentar zur 3. Version

Auch diese Version ist nicht wirklich viel besser und tauglicher als die erste. Hier wird gleich zu Beginn die wichtige Leitungsfunktion unterschlagen. Ein kapitaler Fehler.

Die »Beweihräucherung« als mittlere Bibliothek ist zwar nicht wirklich schlimm, erscheint aber in Anbetracht anderer formaler Fehler als zusätzlich negativ. Auch die in ganzen Sätzen beschriebenen Hauptaufgaben sind keinesfalls besser einzuschätzen als die Punkt- oder Spiegelstrichaufzählungen. Die bessere, weil schnellere Lesbarkeit ist eher bei den beiden anderen Versionen gegeben. Achten Sie auf das Ausstellungsdatum.

Fazit:
Wenn hier auch nicht alle Fehler (oder eventuelle Gemeinheiten) der 1. Version auftauchen, insgesamt ist doch auch diese Zeugnisvariante nicht sehr viel besser und damit für die Beurteilte kein Grund zur Freude. Vergleichen Sie mal in Ruhe Zeile für Zeile.

Zusammengefasst

Generell stellt sich bei jedem Arbeitszeugnis die Frage, ob es wirklich in dem Sinne geschrieben wurde, wie es der Leser jetzt liest und interpretiert, und ob sowohl die Schreib- als auch die Lese- und Interpretationsart gerechtfertigt sind. Mit anderen Worten: Meint der Zeugnisschreiber, was er schreibt, und schreibt er, was er meint? Alles in allem eine wirklich diffizile Materie. Und schon unsere Schulzeugnisse sollten uns eigentlich gelehrt haben, dass Papier nicht nur geduldig ist, sondern auch alle Beurteilung relativ und subjektiv.

Deshalb kann vor einer Selbstüberschätzung im Erstellen und Interpretieren von Zeugnissen nur gewarnt werden. Es liegt nicht allein an der einzelnen Formulierung, die zu einem positiven oder negativen Arbeitszeugnis führt, sondern vielmehr am Gesamteindruck, der sich dem geschulten Leser vermittelt.

So wird es diesen zum Beispiel nicht sonderlich beeindrucken, zu lesen, welche positiven Leistungen ein Mitarbeiter erbracht hat, wenn am Ende des Zeugnisses sein selbstgewählter Fortgang nicht auch bedauert wird (so genannte Widerspruchstechnik). Und auch die kurze Verweildauer (bis zu zwei Jahren) im Betrieb ist ein deutlicher Hinweis darauf, dass die »verantwortungsvolle Tätigkeit in höchst wichtigen Arbeitsbereichen« nicht viel mehr als warme Luft ist.

Tipp:
Sie sollten sich als Arbeitnehmer nicht mit einer zweifelhaften Beurteilung zufrieden geben, sondern schlicht ein gutes Zeugnis anstreben und bei dessen Erstellung auch mithelfen.

Checkliste Arbeitszeugnis

In folgender Checkliste finden Sie noch einmal alle Punkte, auf die Sie bei Ihrem Zeugnis unbedingt achten sollten.

1. Formales

- Ist Ihr Zeugnis auf Firmenpapier fehlerfrei getippt und enthält es formal richtig Ihre persönlichen und arbeitsbezogenen Daten? Ist das Zeugnis von einer bei Ihrem Arbeitgeber hierarchisch klar über Ihnen stehenden Person mit Vertretungsvollmacht unterschrieben worden und nicht später als ein bis drei Tage nach Ausscheiden aus dem Unternehmen datiert?
- Können Sie merkwürdige Kenn- bzw. Geheimzeichen entdecken (Punkte, Striche etc.)?

2. Tätigkeitsbeschreibung

- Sind Art und Inhalt Ihrer Tätigkeit ausführlich geschildert, so dass sich ein Dritter ein zutreffendes Bild von Ihren Arbeitsaufgaben machen kann?
- Stimmen Stellen- und Tätigkeitsbeschreibung inhaltlich überein?
- Sind besonders qualifizierende Tätigkeiten entsprechend detailliert dargestellt, werden Selbständigkeit und Eigenverantwortlichkeit angemessen betont?
- Ist Ihre Teilnahme an betrieblichen Fort- und Weiterbildungsveranstaltungen erwähnt worden?
- Wichtig: Wirkt die Aufgaben- und Tätigkeitsbeschreibung angemessen, entsprechend Ihrer Beschäftigungszeit, oder ist sie eher knapp und lieblos?
- Nicht akzeptabel: Ihre Tätigkeitsbeschreibung enthält Formulierungen, die man abwertend interpretieren könnte, die mehrdeutig auszulegen sind, die eher Selbstverständlichkeiten oder Nebensächlichkeiten in den Vordergrund stellen und ausführlich beschreiben.

3. Leistungs- und Verhaltensbeurteilung

- Findet beides im Text Erwähnung und wie wird beurteilt? Welche Leistungen, Verhaltensweisen oder Eigenschaften finden besonders lobende Erwähnung?
- Welcher Grad der Zufriedenheit mit Ihrer Arbeitsleistung wird formuliert?
- Achtung: Was wird weggelassen, welche Nebensächlichkeiten werden in den Vordergrund gerückt?
- Werden Kenntnisse und Können, Arbeitsweise und Arbeitsstil beschrieben und bewertet?
- Attestiert man Ihnen und Ihrer Arbeit auch entsprechenden Erfolg?
- Wie verhalten sich Einzelbeurteilungen zur Gesamtbewertung?
- Achtung: Gibt es Aussagen, die Einschränkungen wie z.B. »im Großen und Ganzen«, »im Allgemeinen«, »im Wesentlichen« enthalten?
- Werden berufsrelevante Eigenschaften stillschweigend übergangen bzw. nicht gelobt?
- Gibt es doppeldeutige Aussagen, die Ihr Verhalten zu Vorgesetzten, Kollegen, Untergebenen, Kunden, Kooperationspartnern beschreiben?

- Wird Ihr Verhalten bestimmten Personengruppen gegenüber besonders betont, während andere weggelassen werden?
- Attestiert man Ihnen Personalkompetenz, d.h. den richtigen Umgang mit Mitarbeitern, für die Sie verantwortlich sind?
- Was sagt Ihr Zeugnis über Ihre Fähigkeit aus, andere Menschen zu führen?
- Wie beurteilt man Ihre Verantwortungs- und Delegationsbereitschaft?
- Welche Aussagen gibt es über Ihre Fähigkeit, Ihre Mitarbeiter zu motivieren?
- Welche Aussage beschreibt Ihr Informationsverhalten gegenüber Vorgesetzten und Mitarbeitern?
- Welche Formulierungen werden hinsichtlich Ihrer organisatorischen Fähigkeiten getroffen?

4. Auflösungsgrund

- Steht in Ihrem Zeugnis, dass Sie auf eigenen Wunsch gekündigt haben bzw. den Arbeitgeber verlassen?
- Bedauert das Unternehmen Ihr Ausscheiden?
- Dankt man Ihnen für die geleistete Arbeit?
- Spricht man Ihnen gute Wünsche für die Zukunft aus?
- Ist die Reihenfolge »beruflich« vor »privater« Zukunft eingehalten?

5. Gesamteindruck

- In welchem Tenor ist Ihr Zeugnis geschrieben (wohlwollend und warm, kühl, kurz, knapp, verkomplizierend, lange, schwer nachzuvollziehende Sätze, Floskeln und allgemeine Redewendungen oder präzise, klare Informationen und Formulierungen)?
- Stimmen Orthografie und Interpunktion?
- Entdecken Sie Ausrufezeichen (dürften in Arbeitszeugnissen nicht vorkommen)?

6. Was Sie sonst noch beachten sollten

- Bitten Sie rechtzeitig um Ihr Arbeitszeugnis und machen Sie wenn möglich davon Gebrauch, wichtige Punkte Ihres Arbeitszeugnisses selbst vorzuschlagen. Lassen Sie Ihr Arbeitszeugnis auch von anderen gegenlesen und informieren Sie sich im Zweifelsfalle bei einem Profi, wie er Ihr Zeugnis ehrlich (ungeschminkt) einschätzt.
- Versuchen Sie bei Differenzen, eine gütliche Einigung über den Inhalt des Zeugnisses herbeizuführen. Wenn nötig können Sie Ihr Arbeitszeugnis vor dem Arbeitsgericht mit guter Aussicht auf Erfolg ganz entscheidend verbessern.
- Wichtigster Hinweis: Erbitten Sie bei einer günstigen Gelegenheit ein Zwischenzeugnis. Dieses sicherlich positive Zwischenzeugnis kann dann zu einem späteren Zeitpunkt (z.B. ein halbes oder ein Jahr später) für Sie sehr wichtig sein, falls Sie (aus welchem Grund auch immer) beim Verlassen der Firma ein ungerechtfertigt schlechtes Arbeitszeugnis bekommen sollten.

Zur besseren Übersicht zeigen wir auf der nächsten Seite das Aufbauschema eines Arbeitszeugnisses.

Briefkopf Aussteller-Unternehmen

Überschrift

Einleitung

Postitions-, Aufgaben- und Tätigkeitsbeschreibung

Leistungsbeurteilung

Zusammenfassende Leistungszufriedenheitsaussage

Verhaltensbeurteilung

Beendigungsgrund

Dankes-Bedauern-Formel

Zukunftswünsche

Datum der Ausstellung

Name

Funktion Zeugnisaussteller

Aufbauschema eines Arbeitszeugnisses

Vier Zeugnisbeispiele – Kommentar und Einschätzung

Jetzt wissen Sie, worauf es im Arbeitszeugnis ankommt. Ihr frisch erworbenes Wissen können Sie im Folgenden gleich anwenden. Auf den nächsten Seiten finden Sie vier Zeugnisse, die durchaus verbesserungswürdig sind. Finden Sie die Stolpersteine. Decken Sie zunächst den Rand jeweils zu und beurteilen Sie selbst: Was ist gut, was weniger überzeugend in den Zeugnissen von Andreas Hildebrandt, einem Pflegehelfer, Friedemann Staats, einem Produktionsmitarbeiter, der Fremdsprachenkorrespondentin Cornelia Denzel und schließlich von Michael Benthin, der als stellvertretender Fachabteilungsleiter tätig war? Anschließend können Sie Ihre Ergebnisse mit unseren Verbesserungsvorschlägen vergleichen.

Die neue DIN 5008

Seit September 2006 sind beim Anschreiben folgende formale Neuerungen zu beachten:

- Die Leerzeile im Anschriftenfeld, die bisher Name und Straße vom Ort und ggf. auch dem Land getrennt hat, fällt weg. Damit passt sich die DIN 5008 den internationalen Gepflogenheiten an.
- Beim Datum gibt es die Möglichkeit zu wählen: die nummerische oder die alphanummerische Schreibweise stehen zur Auswahl. Bei der nummerischen dürfen Sie zwischen der nummerisch nationalen (26.04.2007) und der nummerisch internationalen Variante (2007-04-26) wählen. Auch wichtig: Bei einstelligen Tages- oder Monatsziffern sollte jetzt bei der nummerischen Schreibweise immer eine Null vorangestellt werden. Bei der alphanummerischen Schreibweise schreiben Sie den Monat in Buchstaben (26. April 2007).
- Telefonnummern werden jetzt in Ortsvorwahl und Anschluss gegliedert. Die Durchwahl wird durch einen Bindestrich von der Hauptwahl getrennt: 0511 1234-567. Bei einer internationalen Nummer wird die Landesvorwahl, z. B. +49, vorangestellt und die Null der Ortsvorwahl weggelassen.: +49 511 1234-567.
- Zu beachten ist beim Prozentzeichen oder kaufmännischen Und-Zeichen: Da diese Zeichen ein Wort vertreten, werden sie nicht direkt an die Zahl geschrieben, sondern haben ein Leerzeichen dazwischen. Also 16 % statt 16% oder Mayer & Sohn statt Mayer&Sohn.
- Postfachnummern werden wie gehabt in Zweierschritten von hinten nach vorne gegliedert (Postfach 1 23).

Beispiele und weitere DIN-Regeln finden Sie in Artikeln der einschlägigen Büro-Fachpresse.

Bescheinigung

Herr Andreas Hildebrandt, geb. am 12.10.1960 in Mainz, wurde vom 01.05.2005 bis zum 19.05.2006 als Pflegehelfer in unserer Klinik beschäftigt.
Herr Hildebrandt war auf einer Station für 30 querschnittsgelähmte Patienten eingesetzt. Ihm oblagen die grundpflegerische Versorgung sowie assistierende Tätigkeiten in der Behandlungspflege.
Herr Hildebrandt hat der von uns geforderten Einsatzbereitschaft im Wesentlichen entsprochen.
Er verfügt über entwicklungsfähige Kenntnisse in seinem Arbeitsbereich und hatte Gelegenheit, sich das erforderliche Wissen für die Tätigkeiten im Bereich der Krankenpflege anzueignen.
Herr Hildebrandt führte die ihm übertragenen Aufgaben zu unserer Zufriedenheit aus.
Durch seine ruhige Art erwarb er sich das Vertrauen der Mitarbeiter und Patienten. Sein persönliches Verhalten gegenüber seinen Vorgesetzten war in der Regel ohne Beanstandung.
Das Arbeitsverhältnis zwischen Herrn Hildebrandt und unserer Klinik endet zum 19.05.2006. Wir können ihm unseren Dank für die immer vorhandene Arbeitsbereitschaft hier nicht versagen und wünschen ihm zukunftig wirklich alles nur erdenklich Gute.

Bayreuth, 20.11.2006

FRANZ ZEISIG KLINIK

H. Schulze-Ludwig

Prof. Dr. H. Schulze-Ludwig
(Chefarzt)

In der Überschrift sollte statt Bescheinigung das Wort Zeugnis stehen. Die Passivformen »wurde beschäftigt« und »oblagen« stellen schon eine Negativbeurteilung dar.

Die Tätigkeitsbeschreibung fällt sehr kurz aus. Ebenso die Leistungsbeurteilung, die wegen der Kürze und der Formulierungen als mangelhaft einzuschätzen ist. Aussagen wie »... hat der von uns geforderten Einsatzbereitschaft im Wesentlichen entsprochen« sind als sehr schlecht einzustufen. Die zusammenfassende Leistungsbeurteilung entspricht einer kaum noch ausreichenden Beurteilung.

Auch die Verhaltensbeurteilung ist katastrophal. Zum einen durch die Reihenfolge (Vorgesetzte nicht zuerst) und zum anderen durch die Art der Beschreibung: »... es war in der Regel ohne Beanstandung«. Im Klartext: Betragen mangelhaft.

Das krumme Austrittsdatum lässt auf eine fristlose Kündigung schließen. Und auch die Dankes-Zukunfts-Formel beinhaltet ein »Mangelhaft«. Der Zeugnisaussteller benutzt die Form der ironischen Übertreibung: »... wirklich alles nur erdenklich Gute«. Zuletzt: das späte Ausstellungsdatum!

Einschätzung

Sicher ist Ihnen aufgefallen, dass es sich um ein sehr schlechtes Zeugnis handelt, in dem es vor Negativbewertungen nur so wimmelt und das für zukünftige Bewerbungen absolut nicht förderlich ist. Der Arbeitgeber hat die Bewertung entsprechend der üblichen verklausulierten Formulierungen vorgenommen. Es wird dem Arbeitnehmer jetzt wohl kaum noch möglich sein, ein anderes, besseres Zeugnis zu erhalten, auch wenn wie in diesem Fall keine Kündigungsschutzklage erfolgt ist. Falls der Kandidat sofort bei der Kündigung ein Zeugnis angefordert hätte, bestünde wenigstens der Anspruch auf ein zeitgleiches Datum mit dem Austritt aus dem Unternehmen. Bei einem so schlechten Zeugnis leider kein wirklicher Trost.

Werfen Sie nun einen Blick auf das Zeugnis von Herrn Staats. Was halten Sie davon? Decken Sie zunächst wieder die rechte Seite zu.

Bereits der erste Satz bringt eine Geringschätzung zum Ausdruck: »Hiermit bescheinigen wir, dass ...« signalisiert, dass es sich bei dieser Beurteilung lediglich um eine Pflichtübung handelt.

Die Tätigkeitsbeschreibung wirkt wegen der Passivformulierung »Hier oblag ihm die Aufgabe ...« negativ.

Die Leistungsbeurteilung fällt wegen der Kürze und des Schlusses »Er war ... im Allgemeinen pünktlich« schlecht aus. Die Leistungen – wird signalisiert – ließen mit der Zeit deutlich nach.

Die Äußerung über das Fernbleiben wegen eines Alkoholproblems ist nicht zulässig.

Die Abschlussformel zeigt, dass Herrn Staats gekündigt wurde. Dank und Zukunftswünsche fehlen.

Der Unterzeichner ist ohne Rang ausgewiesen. Das Ausstellungsdatum ist schon zu weit vom Austrittsdatum entfernt.

Zeugnis

Duisburg, 16.03.2007

Hiermit bescheinigen wir, dass Herr Friedemann Staats, geb. am 7. November 1948, am 1. April 2005 als Produktionsmitarbeiter in die Dienste unseres Unternehmens eintrat.
Herr Staats arbeitete für unsere Abteilung Wohndachfenster. Hier oblag ihm die Aufgabe, Beschläge zu montieren, Überschläge zu fräsen und Dichtungen einzuziehen.
Herr Staats arbeitete sich gut ein und erledigte zunächst alle Aufgaben zu unserer vollen Zufriedenheit. Er war fleißig und zuverlässig sowie im Allgemeinen pünktlich.
Seit Oktober 2006 blieb Herr Staats wiederholt seinem Arbeitsplatz aufgrund eines Alkoholproblems fern.
Zu unserem Bedauern musste das Arbeitsverhältnis zum 28.02.2007 aufgelöst werden.

Steinfurth
Baustoffe GmbH

W. Mühsam

Werner Mühsam

Einschätzung

Auch dies ist ein absolut mangelhaftes und inakzeptables Zeugnis, das die Kündigung wegen Alkohol am Arbeitsplatz deutlich ausdrückt.

Generell dürfen Krankheiten nicht im Zeugnis erwähnt werden: Ist die Alkoholabhängigkeit allerdings so gravierend, dass es zu Fehlverhalten während der Arbeitszeit kommt, kann der Arbeitgeber dies durch verklausulierte Formulierungen ins Zeugnis bringen. Dies wird dann umschrieben mit: »Bei Herrn Staats häuften sich die Fehltage und es kam zu Konflikten mit dem Vorgesetzten.«

Kommen wir nun zum Zeugnis von Cornelia Denzel, einer Fremdsprachenkorrespondentin:

Zeugnis

Frau Cornelia Denzel, geb. am 26.10.1959, trat am 01.10.1990 als Fremdsprachenkorrespondentin in unser Unternehmen ein.
Sie war für die Exportabteilung als Mitarbeiterin des Leiters tätig. Ihr Aufgabengebiet umfasste die gesamte Korrespondenz mit den afrikanischen und amerikanischen Exportländern, die sie größtenteils selbständig oder nach kurzen Stichwortangaben ihres Vorgesetzten ausführte. Darüber hinaus war Frau Denzel für die Auftragsabwicklung bis zur Vorbereitung der Zollformalitäten verantwortlich und erledigte allgemeine Sekretariatsaufgaben.
Frau Denzel ist eine gewandte, schnell auffassende und gewissenhafte Mitarbeiterin, die selbständiges Arbeiten gewöhnt ist. Sie bringt sehr gute Kenntnisse in Schreibmaschine und Steno mit. Durch einen mehrjährigen Aufenthalt in Kanada verfügt sie über perfekte Englischkenntnisse und beherrscht auch weitgehend Französisch. Bei allen Arbeiten zeichnete sie sich stets durch großen Fleiß und Genauigkeit aus. Besonders hervorzuheben sind ihre orthografische Sicherheit und ihre Begabung, immer treffend und gut zu formulieren.
Die ihr übertragenen Arbeiten erledigte sie mit Umsicht, großem Eifer und vollem persönlichen Einsatz. Wir waren mit ihren Leistungen jederzeit und ohne Vorbehalt ganz zufrieden.
Wir konnten Frau Denzel über all die Jahre in jeder Situation voll vertrauen. Im Kollegenkreis galt sie stets als tolerante und ausgeglichene Mitarbeiterin.
Zu unserem Bedauern musste das Arbeitsverhältnis mit Frau Denzel wegen innerbetrieblicher Sparmaßnahmen fristgemäß und betriebsbedingt zum 30.09.2006 gekündigt werden.
Für ihren weiteren beruflichen Werdegang wünschen wir ihr alles Gute, viel Glück und Erfolg.

Bochum, 30.09.2006

Leonhard GmbH & Co KG

G Kowalski

Dr. G. Kowalski
(Personalleiter)

Für eine 16-jährige Tätigkeit innerhalb eines Betriebes ist dieses Zeugnis viel zu kurz und knapp. Besonders die Tätigkeiten sollten detaillierter beschrieben werden. Leider ist keine Entwicklung innerhalb des Unternehmens festzustellen.

Die Leistungsbeurteilung ist zwar etwas ausführlicher, enthält aber nicht alle wichtigen Aspekte. Es fehlen an dieser Stelle Aussagen über Arbeitsmotivation sowie mögliche Fortbildungen. Erst bei der zusammenfassenden Leistungsbeurteilung erfährt der Leser etwas über das Engagement der Kandidatin. Zwar ist dies nicht entsprechend der sonst üblichen Form geschrieben, stellt aber eine durchaus positive Wertschätzung dar.

Auch die Verhaltensbeurteilung ist nicht wie sonst üblich ausgedrückt. Das Verhalten gegenüber Vorgesetzten wird nicht angesprochen, was sehr problematisch bei dieser ungeschickten Wortwahl (»tolerant«) ist.

Am Schluss wird ein Bedauern über das Ausscheiden geäußert, jedoch die wichtige Dankesformel fehlt. Wirklich schade!

Einschätzung

Ein ansatzweise noch akzeptables Zeugnis. Trotzdem ist es dringend durch eine detailliertere Tätigkeitsbeschreibung und weitere Leistungsmerkmale zu verbessern und zu ergänzen. Ebenso sollte die Verhaltensbeschreibung korrigiert werden. Erst dann ist es gut und für die weitere berufliche Laufbahn als förderlich anzusehen. Noch ein Wort zur Dankesformel: Hierzu ist wichtig zu wissen, dass sich manche Firmen generell weigern, Dank auszusprechen, obwohl er jedem Arbeitnehmer zusteht.

Abschließend folgt das Zeugnis von Herrn Benthin, der als stellvertretender Fachabteilungs-Leiter gearbeitet hat. Was halten Sie von diesem Zeugnis?

Ausstellungs- und Ausscheidedatum sind zu weit auseinander.

In der Tätigkeitsbeschreibung sollte an erster Stelle genannt werden, dass er dem Leiter des Amtes unterstand und ihn ggf. zu vertreten hatte. Die Formulierung »Er sollte insbesondere den Leiter der Fachabteilung Brandschutz unterstützen und zeitweise auch vertreten« sagt nichts darüber aus, ob und wie er dies ausgeführt hat. Die Beschreibung, dass er »teilweise« selbständig und eigenverantwortlich für die Umsetzung der Brandschutzbestimmung zuständig war, ist eine Geringschätzung. Aus dem Satz »Ihm wurde außerdem ... zugewiesen ...« lässt sich keine Leistung ersehen.

Insgesamt ist die Leistungsbeurteilung viel zu kurz und nicht sehr positiv. Im ersten Satz sollte das Adjektiv »umfassend« durch »fundiert« ersetzt und durch »stets« ergänzt werden. Generell fehlen die adverbialen Bestimmungen der Zeit »stets«, »jederzeit« und »immer«.

Die Formulierung »Wir möchten besonders seine Fähigkeit hervorheben ...« klingt eher unvorteilhaft. Es fehlen Aussagen über die Führungsfähigkeit, die bei einer derartigen Position genannt werden müssen. Die zusammenfassende Leistungsbeurteilung zeichnet den Kandidaten zwar mit einer sehr guten Beurteilung aus, wird aber durch die anderen Mängel entwertet. Die Verhaltensbeschreibung entspricht trotzdem einem »Sehr gut«.

Der Ausscheidungsgrund wird nicht genannt, was Anlass zu Spekulationen gibt. Bedauern und Dank werden ausgesprochen, sind sogar sehr wertschätzend. Die Zukunftswünsche fehlen jedoch.

Zeugnis

Leverkusen, 15. September 2006

Herr Michael Benthin, geb. am 11.05.1951 in Gotha, trat am 01.07.2000 als stellvertretender Leiter der Fachabteilung Brandschutz und Öffentliche Sicherheit in das Amt der Stadt Leverkusen ein. Die Vergütung erfolgte nach BAT.

Seit Beginn seiner Beschäftigung im Bereich Brandschutz und Öffentliche Sicherheit war Herr Benthin teilweise selbständig und eigenverantwortlich für die Umsetzung der Brandschutzbestimmungen in mittleren und Großbetrieben in der Stadt Leverkusen zuständig. Er sollte insbesondere den Leiter der Fachabteilung Brandschutz unterstützen und zeitweise auch vertreten. Darüber hinaus war er für die Weiterentwicklung des Informations- und Kommunikationswesens im Bereich des Feuer- und Katastrophenschutzes sowie im Rettungsdienst verantwortlich. Auch bei Großschadenslagen und Katastrophen fungierte er als technischer Einsatzleiter. Als unmittelbarer Ansprechpartner für die Leiter der Freiwilligen Feuerwehren hat er sich immer für ein gutes und erfolgreiches Miteinander von Berufs- und Freiwilligen Feuerwehren der Stadt Leverkusen eingesetzt. Außerdem sollte er die Abteilung Einsatz, Ausbildung und Organisation (Berufs- und Freiwillige Feuerwehr) leiten. Ihm wurde außerdem die Mitarbeit in überregionalen Gremien zugewiesen und er sollte die Neu- und Umbaumaßnahmen der Feuerwache und der Gerätehäuser in Leverkusen koordinieren.

Herr Benthin verfügt über umfassende Fachkenntnisse als technischer Einsatzleiter bei Großschadensereignissen und Katastrophen. Entscheidungsfreude gepaart mit Verantwortungsbewusstsein und Umsicht zeichnen ihn aus. Wir möchten besonders seine Fähigkeit hervorheben, bei der Durchführung seiner Aufgaben belastbar und zuverlässig zu reagieren.

Herr Benthin hat seine Position stets zu unserer vollsten Zufriedenheit ausgeübt.

Herr Benthin überzeugte fachlich und persönlich. Dies wurde von seinen Vorgesetzten, Kollegen und Mitarbeitern sehr geschätzt.

Auf eigenen Wunsch beendete Herr Benthin zum 31.08.2006 seine Tätigkeit in unserem Amt. Wir danken für die stets sehr gute Zusammenarbeit und bedauern sehr, Herrn Benthin zu verlieren. Für seine Entscheidung, unser Amt zu verlassen, haben wir aber Verständnis.

Amt für Brandschutz und Öffentliche Sicherheit
der Stadt Leverkusen

Horst v. Guthard

Horst von Guthard
(Amtsleiter)

Einschätzung

Dieses Zeugnis ist für eine 6-jährige Beschäftigung in leitender Position zu kurz und kann so nicht akzeptiert werden. Nach Überarbeitung der o.g. Aspekte könnte ein gutes Zeugnis entstehen, das dann für den beruflichen Werdegang des Kandidaten hilfreich wäre.

Auch stilistisch muss sehr vieles verändert werden. Es ist z.B. unvorteilhaft, wenn zu viele Absätze jeweils mit »Herr Benthin« anfangen.

Was Sie bis hier gelernt haben

Alles ist wichtig bei einem Zeugnis, von der Über- bis zur Unterschrift. Profis schauen sehr schnell nach den entscheidenden und wichtigen Schlüsselmerkmalen:

- Wie lange war der Beurteilte in der Firma und wie ausführlich ist das Zeugnis insgesamt?
- Wer hat unterschrieben und welche Funktion hat der Unterzeichner?
- Wie stehen Ausstellungsdatum des Zeugnisses und Austrittsdatum aus der Firma zueinander?
- Wie sind die letzten beiden Absätze formuliert:
  - Wie klingen die Zukunftswünsche, die Dankes-Bedauerns-Formel?
  - Wie glaubwürdig ist der Beendigungsgrund für das Arbeitsverhältnis, und von wem geht dabei die Initiative aus?
- Was sagt die zusammenfassende (Leistungs-)Zufriedenheitsaussage?
- Wie ist die Verhaltensbeurteilung formuliert?

Erst dann werden ggf. die Aufgaben- und Tätigkeitsbeschreibung genauer gelesen und die einzelnen Leistungsbeurteilungen intensiver angeschaut.

Dabei berücksichtigt der geschulte Leser, um welche Art von Unternehmen (Großkonzern oder Familien-Kleinbetrieb) es sich bei dem Aussteller handelt, wie innerhalb einer Branche (Handwerk schreibt anders als die Banken) Zeugnisse üblicherweise getextet werden und wie professionell der Aussteller die Zeugnissprache beherrscht.

Bei zu großem Zweifel werden andere Kandidaten bevorzugt eingeladen, bei kleinen Unstimmigkeiten fragt der Personalentscheider im Vorstellungsgespräch nach.

Sieben überzeugende Zeugnisbeispiele

Nach all den fehlerhaften Zeugnissen möchten wir Ihnen nun sieben gute bis sehr gute Zeugnisse präsentieren. Es sind die Zeugnisse von Holger Schneider, einem Automobilverkäufer, Maria Weddige, die als Haushaltshilfe gearbeitet hat, Annika Gerdes, die ein Praktikum absolvierte, und Jochen Vogt, der als Personalleiter tätig war. Schließlich folgt das Zeugnis von Claudia Rühe, einer Bankkauffrau. Am Ende haben wir nochmals zweimal zwei Zeugnisse, die wieder die Vorher-Nachher-Situation hervorragend widerspiegeln. Dabei geht es um die Beurteilung eines Diplom-Ingenieurs und eines Diplom-Sozialpädagogen.

AUTOHAUS Petzold
Niebuhrstraße 101–103
24118 Kiel
☎ 0431 220276

Zeugnis

Herr Holger Schneider, geb. am 02.08.1956 in Frankfurt/Main, war vom 01.01.2005 bis zum 31.12.2006 als Automobilverkäufer in unserer Firma tätig.

Herr Schneider war für ein spezielles Verkaufsgebiet unseres Typensortiments (Nutzfahrzeuge) eigenverantwortlich zuständig. Dabei hat er mit hohem Einsatz die Betreuung unserer Stammkunden gepflegt und sich besonders bei der Akquisition von Neukunden profiliert. Es ist ihm z. B. gelungen, dass die Norddeutsche Großbäckerei AG ihren Nutzfahrzeugpark auf die 8- bis 9-Tonner-Modellreihe VW/MAN umgestellt hat. Ferner hat Herr Schneider es geschafft, dass deren Betriebsleitung, die seit Jahrzehnten auf eine schwäbische Automarke eingeschworen war, auf das Flaggschiff aus der V.A.G.-Palette (Audi A8) gewechselt hat.

Wegen seiner fachlich ausgezeichneten Kenntnisse, verbunden mit einer positiven Einstellung zu seiner Marke VW und der Liebe zum Automobil, schätzten wir Herrn Schneider als wertvollen Mitarbeiter. Er war stets engagiert und aufgeschlossen und führte seine Tätigkeiten immer mit vollem Einsatz erfolgreich aus. Seine Arbeitsqualität war jederzeit weit überdurchschnittlich. Durch eine Weiterbildungsmaßnahme hat er seine Kundenberatung noch optimiert und zu einer erheblichen Umsatzsteigerung beigetragen. So ist der Absatz von Nutzfahrzeugen in den letzten 18 Monaten um 35 % gestiegen.

Herr Schneider erfüllte seine Aufgaben stets zu unserer vollen Zufriedenheit.

Aufgrund seiner kooperativen Haltung war Herr Schneider immer bei Vorgesetzten und Kollegen anerkannt und beliebt. Sein Auftreten gegenüber Kunden war jederzeit makellos und er war als kompetenter und freundlicher Gesprächspartner anerkannt.

Herr Schneider verlässt unsere Firma am Jahresende auf eigenen Wunsch. Wir bedauern dies sehr und wünschen ihm beruflich und persönlich alles Gute und weiterhin viel Erfolg.

Kiel, 31.12.2006

ROBERT PETZOLD
VW-Vertragshändler

Ferdinand Wolters
Ferdinand Wolters
Verkaufsleiter

Autohaus Petzold   Bank für Gemeinwirtschaft   Konto 11 556 987   BLZ 292 101 11

Zeugnis von Holger Schneider **(Kommentar auf Seite 61)**

Zwischenzeugnis

Frau Maria Weddige, geb. am 17.02.1943, ist seit dem 15.04.1998 in unserem Haushalt als Haushaltshilfe tätig.

Zu ihrem Wirkungs- und Verantwortungsbereich gehören folgende Aufgaben, die in unserem Einfamilienhaus mit Fünfpersonenhaushalt anfallen:

- die selbständige Führung des gesamten Haushalts einschließlich der Haushaltskasse
- der eigenständige Einkauf der Nahrungsmittel und Haushaltsgegenstände
- die Zubereitung aller Speisen nach Wochenplan
- die Planung und Organisation der Vorratshaltung
- die Reinigung aller Räume des Haushalts
- die Pflege und Instandhaltung der Wäsche, Kleidung und textilen Wohnausstattung
- das Arrangieren und Pflegen der Zimmerpflanzen
- die Versorgung des Hundes

Frau Weddige arbeitete sich schnell in diese Vertrauensposition ein. Sie zeigt stets großes Engagement und Geschick bei ihrer Arbeit und erledigt ihre Aufgaben jederzeit pflichtbewusst, zuverlässig und gewissenhaft. Frau Weddige überzeugt durch ein sehr gutes Organisationstalent und führt den Haushalt sehr kostenbewusst. Ferner ist sie perfekt in der Reinigung und Pflege des Haushalts. Ihre Kochkenntnisse gehen weit über die normalen Tagesanforderungen hinaus, denn sie hat bei Abendgesellschaften oft die Vorbereitungen und die Ausführung vollkommen selbständig übernommen. Hervorzuheben ist auch ihr hohes Maß an Verantwortungsbewusstsein sowie ihre Ehrlichkeit.

Auch bei größeren Anforderungen (z. B. Umbauten in unserem Haus) verschlechterte Frau Weddige nicht ihre Arbeitsleistung und zeigte sich jederzeit den erschwerten Bedingungen voll gewachsen.

Frau Weddige führte die ihr übertragenen Aufgaben zu unserer vollsten Zufriedenheit aus.

Sie genießt das Vertrauen unserer gesamten Familie. Aufgrund ihres immer fröhlichen Wesens und ihrer hilfsbereiten Art wird sie von allen Familienmitgliedern sehr geschätzt.

Dieses Zwischenzeugnis wurde auf Wunsch von Frau Weddige erstellt. Das Beschäftigungsverhältnis ist ungekündigt.

Wir danken Frau Weddige für ihre stets sehr guten Leistungen und freuen uns auch weiterhin darüber, sie in unserem Haushalt zu haben.

Celle, 31. August 2006

Frederike Krüger-Busse   Dr. Hans Krüger

Frederike Krüger-Busse   Dr. Hans Krüger

Zeugnis von Maria Weddige (Kommentar auf Seite 61)

Senat von Berlin

Senatsverwaltung für Stadtentwicklung, Umweltschutz und Technologie
Am Köllnischen Park 3
10179 Berlin
030 9025-0

Zeugnis

Frau Annika Gerdes, geb. am 30.03.1976 in Schneverdingen, war vom 01.01.2006 bis zum 31.07.2006 als Praktikantin im Rahmen ihres Kunsthistorikstudiums für unsere Behörde tätig.

Sie hat für die Bezirke Mitte und Prenzlauer Berg Stadtteilführungen mit architektonischen, kunst- und kulturhistorischen Themen für spezifische Zielgruppen durchgeführt. Ferner war sie an der Konzeption und Gestaltung von verschiedenen Senatsbroschüren beteiligt. Hierzu zählten die für unsere Reihe „Rundgänge durch Quartiere" geplanten Hefte „Die Hauptstadt. Spaziergänge durch das Regierungsviertel", „Berlin-Mitte", „Friedrichshain und Prenzlauer Berg" und „Theaterrundgang". Für die Broschüre der Ausstellung „Stuck im Berliner Stadtbild", die im Berlin-Pavillon gezeigt wurde, unterstützte sie unsere Arbeit durch wertvolle Recherche.

Frau Gerdes hat sich das Wissen über die stadtteilgeschichtlichen Themen vollkommen selbständig und schnell angeeignet. Sie war stets eine motivierte Mitarbeiterin, die mit hohem Engagement bei der Sache war. Bei der Planung und Gestaltung der Broschüren überzeugte Frau Gerdes durch große Kreativität und eigenständige Ideen sowie äußerst sorgfältige und gewissenhafte Recherche. Sie besitzt ein fundiertes kunsthistorisches Wissen, was sie stets erfolgreich und gezielt in ihre Arbeit einzubringen wusste. Bei den Führungen zeigte sie pädagogisches Geschick, denn sie verstand es, die kunst- und kulturhistorischen Themen für die verschiedenen Zielgruppen effektiv umzusetzen. Frau Gerdes erfüllte ihre Aufgaben zu unserer vollsten Zufriedenheit.

Sie war wegen ihrer freundlichen und zuvorkommenden Art stets sehr geschätzt und beliebt bei ihren Vorgesetzten, Kollegen und Teilnehmern.

Das Praktikum endet mit Ablauf der vereinbarten Zeit.

Wir danken Frau Gerdes für ihre erfolgreiche Mitarbeit und wünschen ihr für ihren Studienabschluss sowie für ihre weitere berufliche Laufbahn viel Glück und Erfolg.

Berlin, 31.07.2006

Senatsverwaltung für Stadtentwicklung,
Umweltschutz und Technologie

Erich Wielandt

Erich Wielandt

Zeugnis von Annika Gerdes (Kommentar auf Seite 61)

NAUMANN AG

Donaustraße 234 • 99089 Erfurt • 0361 6678976

Zeugnis

Herr Jochen Vogt, geboren am 23.05.1952 in Zweibrücken, trat am 1. April 2000 als Referent für Personalentwicklung der Niederlassung Kassel in unser Unternehmen ein. Vom 1. September 2003 bis zum 30. September 2006 war Herr Vogt als Personalleiter für die Niederlassung Erfurt tätig.

Zu seinen Aufgaben gehörten zunächst die Umsetzung von vorhandenen Personalentwicklungsmaßnahmen, die Ausarbeitung zeitgemäßer und bedarfsgerechter Personalentwicklungskonzepte sowie die Mitarbeit an weiteren Projekten. Er führte sehr erfolgreich Bedarfsanalysen im Bereich Aus- und Weiterbildung durch und plante mit großer Effektivität entsprechende Maßnahmen. Schon während dieser Zeit war die Arbeit von Herrn Vogt stets von ausgezeichneter Qualität.

Mit Wirkung zum 1. September 2003 wurde Herr Vogt zum verantwortlichen Personalleiter unserer Niederlassung in Erfurt ernannt. Er war dieser für ihn neuen Aufgabe voll gewachsen und arbeitete sich sehr schnell und umfassend in die spezifischen Belange unserer Niederlassung in Erfurt ein. Neben der Leitung der Personalabteilung umfasste der Verantwortungs- und Wirkungsbereich von Herrn Vogt im Wesentlichen folgende Schwerpunktaufgaben: die Beratung von Geschäftsführung, Führungskräften und Mitarbeitern in allen auftretenden Belangen, die Zusammenarbeit mit den betriebsverfassungsrechtlichen Gremien sowie konzeptionelle Aufgaben in Personalfragen. Die von ihm geführte Personalabteilung deckte folgende Bereiche der Personalarbeit ab: Personalbeschaffung und -auswahl, Personalbetreuung, -verwaltung, -abrechnung, -entwicklung, Weiterbildung, Führungskräfteförderung sowie Verbandsarbeit.

In seiner Funktion war Herr Vogt leitender Angestellter und berichtete an den Sprecher der Geschäftsführung.

Herr Vogt identifizierte sich sehr stark mit seinen Arbeitsaufgaben und den Unternehmenszielen. Seine Fach- und Leistungskompetenz war stets und in jeder Hinsicht sehr gut. Er erwarb sich im Laufe seiner Tätigkeit außerordentlich umfassende Kenntnisse im Arbeits- und Betriebsverfassungsrecht, die er auch sehr erfolgreich anzuwenden wusste. Seine Zusammenarbeit mit den betriebsverfassungsrechtlichen Gremien war unternehmenszielorientiert und stets mit der Absicht verknüpft, zwischen den Interessen aller Beteiligten eine jeweils ausgewogene Lösung zu finden. In seiner Verantwortung geschlossene Betriebsvereinbarungen ermöglichten immer einen positiven Handlungsspielraum für das Unternehmen.

Im Laufe seiner Tätigkeit war Herr Vogt für ca. 60 Einstellungen mitverantwortlich. Er führte über 700 Einstellungsgespräche und war maßgeblich an der Einstellungsentscheidung beteiligt.

NAUMANN AG

Deutsche Bank AG
Konto-Nr. 0 769 976, BLZ 200 700 00

Zeugnis von Jochen Vogt, erste Seite (Kommentar auf Seite 61)

Unter der Verantwortung von Herrn Vogt konnte der notwendig gewordene Personalabbau innerhalb kurzer Zeit in Zusammenarbeit mit den betriebsverfassungsrechtlichen Gremien zeitgerecht und sozial wie menschlich verträglich durchgeführt werden.

Bis heute musste keine dieser Entscheidungen revidiert werden. Im letzten Jahr mussten wir uns wegen einer deutlichen wirtschaftlichen Rezession von fast 10 % unserer Belegschaft trennen.

Herr Vogt ist ein äußerst engagierter, zuverlässiger und aktiver Mitarbeiter, der sich durch Kreativität und Durchsetzungsvermögen auszeichnet. Er zeigte bei seinen Arbeitsaufgaben sehr hohen persönlichen Einsatz und hervorragende Leistungen, sowohl in qualitativer als auch quantitativer Hinsicht. Herr Vogt führte in seiner Personalabteilung acht Mitarbeiter.

Durch seine verbindliche, aber bestimmte Art hatte er ein ausgezeichnetes Verhältnis zu seinen Mitarbeitern. Dies führte zu einem sehr produktiven Arbeits- und Betriebsklima.

Wir waren mit den Leistungen von Herrn Vogt stets außerordentlich zufrieden.

Das Verhalten von Herrn Vogt gegenüber der Unternehmensleitung, seine Integration im Kollegium und sein offener Zugang zu den Mitarbeitern waren jederzeit vorbildlich. Besonders hervorzuheben ist bei ihm seine Fähigkeit, bei diffizilen Entscheidungen den Konsens zu suchen und zu finden.

Herr Vogt verlässt unser Unternehmen am heutigen Tag, um sich beruflich zu verändern.
Wir bedauern, in Herrn Vogt eine ausgezeichnete Führungskraft zu verlieren, und danken ihm für die stets vorbildliche Leistung im Bereich Personalwesen. Für seinen weiteren beruflichen Werdegang wünschen wir ihm alles Gute, viel Glück und weiterhin Erfolg.

Erfurt, 1. Oktober 2006

NAUMANN AG

Dr. Reinhard Atteslander   Dr. Thomas Stolpe-Herzog

Dr. Reinhard Atteslander
Geschäftsführung

Dr. Thomas Stolpe-Herzog
Geschäftsführung

NAUMANN AG

Deutsche Bank AG
Konto-Nr. 0 769 976, BLZ 200 700 00

Zeugnis von Jochen Vogt, zweite Seite (Kommentar auf Seite 61)

Deutsche Landesbank AG

Alter Markt 24
24103 Kiel
0431 8765445

Zeugnis

Frau Claudia Rühe, geboren am 17. Oktober 1976 in Lüneburg, absolvierte in unserem Haus in der Zeit vom 1. September 1999 bis zum 15. Januar 2002 eine Ausbildung zur Bankkauffrau. Hierüber liegt ein gesondertes Zeugnis vor.

Nach erfolgreich abgeschlossener Ausbildung übernahmen wir Frau Rühe in ein unbefristetes Angestelltenverhältnis. Zunächst beschäftigten wir sie über einen Zeitraum von vier Jahren in unserer Zweigstelle Besel (bei Flensburg). Ihr Aufgabenbereich umfasste zuerst die Giro-Disposition und ab Januar 2003 schwerpunktmäßig alle Tätigkeiten am Schalter mit abschließender Beratung sowie Kundenbetreuung im allgemeinen Bankgeschäft. Daneben nahm Frau Rühe Vertretungen in allen Sachbereichen der Zweigstelle sowie interne Kontrollen und Sonderaufgaben wahr.

Ab September 2005 kam Frau Rühe zum Zwecke ihrer weiteren beruflichen Entwicklung im Rahmen ihrer Bezirks-Personalreserve in unserer Hauptbank im klassischen Kreditgeschäft zum Einsatz. Hier wurde sie insbesondere mit der laufnden Überwachung von Engagements, dem Aufbereiten der Unterlagen für Kreditgespräche und -entscheidungen, der Sicherheitenbestellung und -überwachung, Korrespondenzerledigung sowie Gliederung und Analyse von Jahresabschlüssen betraut. Auch die Unterweisung von Auszubildenden in diesem Bereich konnte ihr bedenkenlos übertragen werden.

Frau Rühe hat sich der ihr übertragenen Aufgaben stets mit großem Engagement angenommen und diese zügig und zuverlässig zu unserer vollen Zufriedenheit bewältigt. Neben der Praxis erweiterte sie in bankinternen Seminaren ständig ihr Fachwissen.

Aufgrund ihrer Aufgeschlossenheit und Hilfsbereitschaft wurde Frau Rühe geschätzt. Wegen ihres höflichen, zuvorkommenden Auftretens war sie allseits gern gesehen. Ihre Führung war ohne jeden Tadel.

Mit Ablauf des heutigen Tages scheidet Frau Rühe aus eigenem Entschluss bei uns aus, um ein Studium aufzunehmen.

Wir wünschen ihr für die Zukunft alles Gute und viel Erfolg.

Kiel, 30. Juni 2006

DEUTSCHE LANDESBANK AG
in Kiel

Zeugnis von Claudia Rühe (Kommentar auf S. 61)

Kommentar zum Zeugnis von Holger Schneider

Dieses Zeugnis kann als eindeutig gut eingestuft werden. Die Tätigkeitsbeschreibung ist angemessen lang. Sehr gut macht sich, dass die Umsatzsteigerungen genauer erläutert werden. Dadurch ist der besondere Arbeitserfolg des Kandidaten eindeutig.

Eine zusammenfassende Leistungsbeurteilung entspricht der Note »gut«.

Insgesamt ist dies ein recht gutes Zeugnis, das den Kandidaten als empfehlenswert beschreibt, selbst wenn die einzelnen Sätze stilistisch nicht immer gut formuliert sind.

Kommentar zum Zeugnis von Maria Weddige

Ein angemessen langes Zwischenzeugnis bei einer 8-jährigen Beschäftigungszeit. Formal und inhaltlich ist alles in Ordnung. Ausführlichkeit und Wertschätzung sind vorbildlich zum Ausdruck gebracht. Es handelt sich um ein gutes bis sehr gutes Zwischenzeugnis. Die Kandidatin erscheint sehr empfehlenswert. Mit diesem Zeugnis kann sie sich überall bewerben. Es wäre nicht notwendig gewesen, dass Frau und Herr Krüger unterschreiben, es stellt aber auch kein Problem dar.

Kommentar zum Zeugnis von Annika Gerdes

Ein sehr gründliches und detailliertes Zeugnis für eine Praktikumszeit von einem halben Jahr. Alle Bestandteile sind erwähnt. Die Leistungsbeurteilung und das Verhalten sind sehr gut beschrieben, die Benotung »zu unserer vollsten Zufriedenheit« entspricht einer guten 2, der Dank und die Zukunftswünsche sogar einem »Sehr gut«. Die Daten sind o.k. Leider ist die Position des Unterzeichnenden nicht näher erläutert.

Dieses Zeugnis wird Annika Gerdes für ihren Berufsstart nach Beendigung ihres Studiums sehr nützlich sein.

Kommentar zum Zeugnis von Jochen Vogt

Ein ausführliches und sehr gutes Zeugnis mit viel Lob und Wertschätzung, in dem die Entwicklung innerhalb des Betriebes deutlich beschrieben wird. Auch werden alle Zeugnisbestandteile angesprochen.

Die Tätigkeitsbeschreibung ist mit der Leistungsbeurteilung im fünften und siebten Absatz vermischt. Es werden aber auch zu allen anderen Aspekten der Leistungsbeurteilung Aussagen getroffen. Sogar das Führungsverhalten wird ausführlich dargelegt. Alle Beschreibungen entsprechen einer sehr guten Benotung.

Die zusammenfassende Leistungsbeurteilung mit der Note »sehr gut« ist deutlich hervorgehoben. Der Zeugnisabschluss ist ebenfalls sehr lobend, beide Daten (Ausstellungs- und Ausscheidedatum) sind kongruent.

Insgesamt ein außerordentlich gutes Zeugnis mit viel Lob und Wertschätzung.

Kommentar zum Zeugnis von Claudia Rühe

Formal ist fast alles o.k., bis auf die Identifikation der Unterschrift. Alle wichtigen Aspekte werden angesprochen, kein Wunder bei diesem renommierten Bankhaus. Aber: Haben Sie den Tippfehler entdeckt (3. Absatz, 3. Zeile: »laufnden«)? Peanuts, jedoch korrekturbedürftig. Deshalb achten Sie neben der korrekten Aufgabenbeschreibung und Beurteilung unbedingt auch auf stilistische, grammatikalische und orthografische Korrektheit.

Insgesamt ein ordentliches Zeugnis (nach der ordnungsgemäßen Verbesserung). Für die Bankenbranche ist es trotz der z.T. etwas zurückhaltenden Formulierungen sehr positiv. Einschätzung: Die Kandidatin erscheint empfehlenswert.

GGI – Gustav-Gans-Institut
Alpenstraße 44
81541 München
089 5437889

Zeugnis

Mannheim, 01.08.2006

Herr Diplom-Ingenieur Dr. Heinz Lange, geboren am 12. Juli 1965 in München, war vom 15. März 2001 bis zum 30. Juni 2006 als wissenschaftlicher Mitarbeiter am Gustav-Gans-Institut für Fördertechnik und Konstruktionsanlagen im Bereich Planungstechnik tätig.
Die Forschungsarbeiten am Gustav-Gans-Institut dienen der Entwicklung zukunftsweisender Technologien, wobei der Institutsbereich Planungswesen sich an einem integrierten Fabrikbetrieb orientiert. Im Vordergrund steht hierbei die Umsetzung neuer Erkenntnisse bei der Lösung industrieller Aufgaben, deren Schwerpunkte in der rechnergestützten Fertigungsplanung und -steuerung, der prototypischen Realisierung und Erprobung von Fertigungsprozessen liegen.

Im Rahmen seiner Forschungstätigkeit führte Herr Dr. Lange zunächst Projekte für industrielle Auftraggeber im Bereich der Montageplanung und Automatisierung eigenverantwortlich und mit großem Engagement durch. Seine an der Praxis orientierten und durch große Fachkompetenz überzeugenden Arbeitsergebnisse erweckten bei den Vertragspartnern stets große Aufmerksamkeit und Anerkennung.

Weitere Forschungsarbeiten von Herrn Dr. Lange konzentrierten sich auf Projekte der Elektro-, Kommunikations-, Flug-, Bahn- und Schiffbaubranche. Dabei konnte er im Rahmen eines BMF-geförderten Projekts zur Humanisierung des Arbeitslebens seine Fähigkeiten zur interdisziplinären Zusammenarbeit überzeugend unter Beweis stellen.
2003 konnten wir Herrn Dr. Lange aufgrund seiner besonderen Verdienste die Leitung einer Forschungsgruppe für Fördertechniksysteme übertragen. Mit vorbildlichem Einsatz führte er seine Mitarbeiter wiederholt zu anerkennenswerten Projektergebnissen. Seine mit Überzeugung vorgetragenen Sachkenntnisse befähigten Herrn Dr. Lange zur erfolgreichen Akquisition verschiedener Projekte mit Partnern aus den Bereichen Industrie und Forschung.

Besonders hervorzuheben ist seine konzeptionelle Planung einer halbautomatischen Schweißanlage für den Flugkörperbau. Seine innovativen Ideen konnten in verschiedenen weiterführenden Projekten mit industriellen Partnern erfolgreich in der Praxis realisiert werden.
In zahlreichen Veröffentlichungen und Vorträgen im In- und Ausland sowie auf Fachkongressen hat Herr Dr. Lange seine wissenschaftlichen Erkenntnisse einer größeren Fachöffentlichkeit vorgestellt und dabei immer große Anerkennung gefunden.

Herr Dr. Lange hat alle ihm übertragenen Aufgaben stets zu unserer vollsten Zufriedenheit ausgeführt und war durch seine hilfsbereite und kooperative Wesensart bei Vorgesetzten und Kollegen gleichermaßen anerkannt und geschätzt. Bei seinen Projektpartnern hat er sich durch Sachlichkeit und Verbindlichkeit hohe Anerkennung erworben.

Herr Dr. Lange verlässt uns auf eigenen Wunsch, um sich neuen Herausforderungen in der industriellen Produktion zu stellen.

Wir danken ihm für sein Engagement, die erbrachten Leistungen und die angenehme Zusammenarbeit. Für seine berufliche und private Zukunft wünschen wir Herrn Dr. Lange alles Gute und weiterhin viel Erfolg.

Gustav-Gans-Institut

Prof. Dr. H.-B. Schimmelpfennig

Prof. Dr. H.-B. Schimmelpfennig – Leiter des Instituts

Zeugnis von Heinz Lange, 1. Version

GGI – Gustav-Gans-Institut
Alpenstraße 44
81541 München
089 5437889

Zeugnis

Mannheim, 01.08.2006

Herr Diplom-Ingenieur Dr. Heinz Lange, geboren am 12. Juli 1965 in München, war vom 15. März 2001 bis zum 30. Juni 2006 als wissenschaftlicher Mitarbeiter am Gustav-Gans-Institut für Fördertechnik und Konstruktionsanlagen im Bereich Planungstechnik tätig.

Die Forschungsarbeiten am Gustav-Gans-Institut dienen der Entwicklung zukunftsweisender Technologien, wobei der Institutsbereich Planungswesen sich an einem integrierten Fabrikbetrieb orientiert. Im Vordergrund steht hierbei die Umsetzung neuer Erkenntnisse bei der Lösung industrieller Aufgaben, deren Schwerpunkte in der rechnergestützten Fertigungsplanung und -steuerung, der prototypischen Realisierung und Erprobung von Fertigungsprozessen liegen. Unsere Studien beziehen sich hier zu einem großen Teil auf die wissenschaftlichen Ergebnisse, die Prof. Dr. Gans, unser Institutsgründer, 1995 eingebracht hat. In enger Kooperation mit unseren internationalen Partnerinstituten in Lille, Frankreich, Leeds (GB) und Yale in den USA haben unsere weiter gehenden Forschungsergebnisse mit dazu beitragen können, dass sich unser Renommee international gefestigt hat und wir viel Anerkennung von Seiten anderer Wissenschaften immer wieder erfahren.

Im Rahmen seiner Forschungstätigkeit führte Herr Dr. Lange zunächst Projekte für industrielle Auftraggeber im Bereich der Montageplanung und Automatisierung durch. Seine an der Praxis orientierten und durch Fachkompetenz überzeugenden Arbeitsergebnisse erweckten bei den Vertragspartnern große Aufmerksamkeit.

Weitere Forschungsarbeiten von Herrn Dr. Lange konzentrierten sich auf Projekte der Elektro-, Kommunikations-, Flug-, Bahn- und Schiffbaubranche. Dabei konnte er im Rahmen eines BMF-geförderten Projekts zur Humanisierung des Arbeitslebens seine Fähigkeiten zur interdisziplinären Zusammenarbeit unter Beweis stellen.

2003 konnten wir Herrn Dr. Lange die Leitung einer Forschungsgruppe für Fördertechniksysteme übertragen. Mit viel Einsatz führte er seine Mitarbeiter wiederholt zu anerkennenswerten Projektergebnissen. Seine Sachkenntnisse befähigten Herrn Dr. Lange auch zur erfolgreichen Akquisition verschiedener Projekte mit Partnern aus den Bereichen Industrie und Forschung.
In zahlreichen Veröffentlichungen und Vorträgen im In- und Ausland sowie auf Fachkongressen hatte Herr Dr. Lange Gelegenheit, seine wissenschaftlichen Erkenntnisse einer größeren Fachöffentlichkeit vorzustellen.

Herr Dr. Lange hat alle ihm übertragenen Aufgaben stets zu unserer vollsten Zufriedenheit ausgeführt. Seine Führung war tadellos. Aufgrund seiner hilfsbereiten und kooperativen Wesensart war er bei Vorgesetzten und Kollegen gleichermaßen anerkannt und geschätzt. Bei seinen Projektpartnern hat er sich durch Sachlichkeit und Verbindlichkeit Anerkennung erworben.

Herr Dr. Lange verlässt uns auf eigenen Wunsch, um sich neuen Herausforderungen in der industriellen Produktion zu stellen. Wir danken ihm für sein Engagement und wünschen ihm für seine berufliche und private Zukunft alles Gute.

Gustav-Gans-Institut

Prof. Dr. H.-B. Schimmelpfennig
Prof. Dr. H.-B. Schimmelpfennig
Leiter des Instituts

Zeugnis von Heinz Lange, 2., überarbeitete Version

Kommentar zur 1. Zeugnis-Version von Dr. Heinz Lange

Ein formal unauffälliges, angemessen ausführliches Zeugnis mit positivem, glaubwürdigem Abschluss. Hier vielleicht eher aus Platzgründen auf nur einer Seite, während in der Realität wohl eineinhalb Seiten Umfang gut gewählt wären.

Unterschrieben vom Institutsleiter, klingt der letzte Absatz freundlich und ehrlich gemeint. Der schnelle Blick nach oben auf das Ausstellungsdatum ergibt eine deutliche Zeitdifferenz (Austritt/Ausstellungsdatum). Der geübte Leser wird einerseits jetzt sehr kritisch und intensiv lesen, der erfahrene Beurteiler weiß aber auch, dass im Wissenschaftsbereich die »Uhren« anders laufen. Eine Zeitdifferenz hat hier nicht dieselbe Bedeutung wie bei einem typisch kommerziellen Arbeitgeber.

Informative, individuell formulierte wichtige Details mit viel Lob und Anerkennung sind Absatz für Absatz zu lesen. Ein deutliches Wohlwollen kommt ganz klar rüber, alle wichtigen Zeugnisbestandteile sind berücksichtigt. Entweder soll hier jemand weggelobt werden oder der so Beschriebene ist wirklich gut – könnte der geneigte, aber kritische Leser jetzt denken. Ein Telefonanruf des potenziellen Arbeitgebers beim Zeugnis-Aussteller würde die letzte absolute Klärung bringen.

Denn: Außer der auffälligen Diskrepanz zwischen Zeitpunkt des Ausscheidens und Zeugnisausstellungsdatum (allerdings im Wissenschaftsbereich nicht unüblich – wie oben bereits angemerkt) lässt sich nichts Negatives finden.

Fazit:
Rundum positiv für den Beurteilten, wenn der Zeugnisaussteller dies auch telefonisch auf Nachfrage bestätigt und das Ausstellungsdatum vielleicht noch auf den 30.6. oder 1.7. korrigiert wird. Einschätzung: sehr gut, hilfreich für weitere Bewerbungen.

Kommentar zur 2., überarbeiteten Version

Formal scheint alles in Ordnung, die Datendifferenz kennen wir schon und wollen sie in diesem speziellen Fall nicht besonders bewerten. Auch der Abschluss klingt im ersten Moment recht freundlich. Aber der genaue Vergleich macht doch schnell klar, dass wir es bei diesem Zeugnis schon mit einer anderen Qualitätsgüte zu tun haben.

Der erste Absatz ist unverändert, also gleich wie bei der 1. Version, aber schon im zweiten Absatz bemerken wir eine Überlänge und starke Gewichtung der Eigenwerbung für das Institut. Im Längenverhältnis geht dies schon zu Lasten des Beurteilten, und da wir im Anschluss wenig Lob für ihn und seine Leistungen finden können, ist dieser Absatz bei doppelter Zeilenlänge (fünf bei Version 1, jetzt zehn) viel zu lang.

Bei einem Vergleich Absatz für Absatz merken Sie, was alles weggelassen wurde. Der damit angerichtete Schaden dieser Technik wird aber erst bei einer genaueren Untersuchung deutlich.

Rehabilitationsklinik „Am See“

Seestraße 21, 98617 Unterharles
Tel: 07625 54390

Unterharles, den 12.12.2006

Beurteilung

Herr Claus Ibel, * am 18.12.1961, war in der Zeit vom 1.1.2005 bis zum 31.12.2006 ohne Unterbrechung und vollschichtig als Diplom-Sozialpädagoge in unserer Rehabilitationsklinik tätig.

Unsere Klinik hat 250 Betten und behandelt Patienten mit Erkrankungen des Herz-Kreislauf-Systems, der Atemwege sowie mit degenerativ und rheumatisch bedingten Erkrankungen der Bewegungsorgane und führt AHB-Maßnahmen bei Herz-Kreislauf-Erkrankungen durch.

Herr Ibel leitete schwerpunktmäßig Patientengruppen in der progressiven Muskelrelaxation nach JACOBSON an sowie im autogenen Training.

Ein weiterer Schwerpunkt seiner Arbeit stellte die Risikofaktorenproblematik von Patienten mit koronarer Herzerkrankung dar. Im Zuge von Gesundheitstrainingskursen oblag ihm die eigenverantwortliche Leitung eines aktiven Nichtrauchertrainings. Darüber hinaus führte Herr Ibel verhaltens- und gesprächstherapeutisch orientierte Einzel- und Gruppensitzungen bei Patienten mit psychosomatischen Erkrankungen durch.

Herr Ibel zeigte sich an den klinikinternen medizinisch und psychotherapeutisch orientierten Fortbildungsveranstaltungen sehr interessiert.

Die ihm übertragenen Aufgaben erledigte er stets engagiert und schaffte auch das vorgegebene Arbeitspensum.

Im Umgang mit Vorgesetzten, Nachgeordneten und Kollegen zeigte sich Herr Ibel aufgeschlossen und freundlich, gegenüber Patienten war er zugewandt und verständnisvoll.

Der zeitlich befristete Arbeitsvertrag endet mit dem heutigen Datum und kann leider nicht verlängert werden. Für die Zukunft wünschen wir Herrn Ibel alles Gute.

Dr. med. H. Nonnenmacher

Dr. med. H. Nonnenmacher
Leitender Arzt

Zeugnis von Claus Ibel, 1. Version

Rehabilitationsklinik „Am See“

Seestraße 21, 98617 Unterharles
Tel: 07625 54390

Zeugnis

Herr Claus Ibel, geboren am 18.12.1961, war in der Zeit vom 01.01.2005 bis zum 31.12.2006 ohne Unterbrechung und vollschichtig als Diplom-Sozialpädagoge in unserer Rehabilitationsklinik tätig.

Unsere Klinik hat 250 Betten und behandelt Patienten mit Erkrankungen des Herz-Kreislauf-Systems, der Atemwege sowie mit degenerativ und rheumatisch bedingten Erkrankungen der Bewegungsorgane und führt AHB-Maßnahmen bei Herz-Kreislauf-Erkrankungen durch.

Herr Ibel leitete schwerpunktmäßig Patientengruppen in der progressiven Muskelrelaxation nach JACOBSON an sowie im autogenen Training.

Ein weiterer Schwerpunkt seiner Arbeit stellte die Risikofaktorenproblematik von Patienten mit koronarer Herzerkrankung dar. Im Zuge von Gesundheitstrainingskursen oblag ihm die eigenverantwortliche Leitung eines aktiven Nichtrauchertrainings. Darüber hinaus führte Herr Ibel verhaltens- und gesprächstherapeutisch orientierte Einzel- und Gruppensitzungen bei Patienten mit psychosomatischen Erkrankungen durch.

Mühelos schaffte Herr Ibel das täglich vorgegebene Arbeitspensum. Er ist ein engagiert arbeitender, sehr kompetenter Therapeut, dem es stets gelang, auch mit schwierigen Patienten ein stabiles Vertrauensverhältnis aufzubauen. Die ihm übertragenen Aufgaben erledigte er jederzeit zu unserer vollen Zufriedenheit.

Herr Ibel war immer an den klinikinternen medizinisch und psychotherapeutisch orientierten Fortbildungsveranstaltungen sehr interessiert und nahm erfolgreich daran teil.

Im Umgang mit Vorgesetzten, Kollegen und dem Pflegepersonal zeigte sich Herr Ibel immer kooperativ und freundlich, gegenüber Patienten war er zugewandt und verständnisvoll. Er besaß stets unser vollstes Vertrauen.

Der zeitlich befristete Arbeitsvertrag endet mit dem heutigen Datum und kann leider aus wirtschaftlichen Zwängen nicht verlängert werden. Wir bedanken uns für die angenehme Mitarbeit und wünschen Herrn Ibel für die Zukunft alles Gute, viel Erfolg und Glück.

Unterharles, den 31.12. 2006

Dr. med. H. Nonnenmacher

Dr. med. H. Nonnenmacher
Leitender Arzt

Zeugnis von Claus Ibel, 2., überarbeitete Version

Kommentar zur 1. Zeugnis-Version von Claus Ibel

Neben dem vorgezogenen Ausstellungsdatum – über zwei Wochen vor dem eigentlichen Ausscheiden – fällt vor allem die sonderbare Überschrift auf. Schon diese reicht eigentlich aus, um den Zeugnisaussteller als nicht professionellen Schreiber zu identifizieren. Gleichwohl: Der Unterzeichnende ist kompetent ausgewiesen. Im medizinischen Arbeitsbereich gelten nicht die strengen Normen wie in Industrie und Handel.

Schade, dass wir nichts über die Gründe der Nicht-Vertragsverlängerung erfahren. Die Zukunftswünsche sind dürftig, aber angesichts des gesamten Zeugnisstils und unter Berücksichtigung der »Branche: Gesundheitswesen« gelten andere Interpretationsmaßstäbe. Das trifft auf das Fortbildungsinteresse ebenso zu wie auf das »Arbeitspensum« und die nicht standardisierte Zufriedenheitsaussage.

Beanstandungen im Sozialverhalten signalisiert jedoch die falsche Reihenfolge »Vorgesetzte, Nachgeordnete und Kollegen«. Aber selbst dabei kann es sich um Unkenntnis des Ausstellers handeln und nicht um einen Verhaltensfehler des Beurteilten. Wichtig jedenfalls für den Beurteilten ist es, den erhaltenen Zeugnistext auf solche problematischen Aussagen hin zu untersuchen und gegebenenfalls um Korrektur zu bitten.

Der aus Arztbriefen übernommene Stern (*) statt »geboren« ist nicht akzeptabel, aber auch hier eher etwas Branchenspezifisches.

Fazit:
Es wäre für den Beurteilten besser gewesen, er hätte selbst bei der Gestaltung mitwirken und so zu einem professionelleren Zeugnisstil beitragen können. Einschätzung: unbefriedigend, weil unklar und damit höchstens knapp ausreichend.

Kommentar zur 2., überarbeiteten Version

Nun finden wir alle »Anstößigkeiten« beseitigt. Dieses Zeugnis kann sich sehen lassen. Von der Über- bis zur Unterschrift, den freundlich erklärenden Dankes-Bedauern-Abschlussformeln, dem Nicht-Verlängerungsgrund bis zu den wichtigen Absätzen nach der Aufgabenbeschreibung – alles ist überarbeitet und klingt jetzt sehr freundlich positiv.

Fazit:
Warum denn nicht gleich so. Antwort: Ein ausscheidender Mitarbeiter ist leider vielen Personalverantwortlichen keine Mühe mehr wert.

Die 25 wichtigsten Fragen zum Thema Arbeitszeugnis

1. Welche Bedeutung haben Arbeitszeugnisse innerhalb des Bewerbungsprozesses?

Arbeitszeugnisse begleiten uns durch unser ganzes Berufsleben. Sie nehmen zwar nur *einen* Bestandteil der gesamten Bewerbungsunterlagen ein. Dieser Teil ist aber einer der wichtigsten Mosaiksteine für eine erfolgreiche Bewerbung, denn Arbeitszeugnisse bilden meistens die einzigen schriftlichen Dokumente für Ihre Leistung und Führung während Ihrer vergangenen »Arbeitsverhältnisse«. Wer einem potenziellen neuen Arbeitgeber nur durchschnittliche, schlechte oder gar keine Arbeitszeugnisse vorlegen kann, hat auf einem immer enger werdenden Arbeitsmarkt sehr schlechte oder keine Chancen. Denn die aufgrund der eingereichten schriftlichen Bewerbungsunterlagen erfolgende Vorauswahl gilt es zunächst einmal zu überstehen, um überhaupt zu einem Vorstellungsgespräch eingeladen zu werden. Ist der Arbeitsplatzanbieter nach einem Vorstellungsgespräch mit Ihnen immer noch unsicher, wie er Sie einschätzen soll, wird er Ihre Arbeitszeugnisse vielleicht noch einmal kritisch unter die Lupe nehmen.

Man kann schließlich auch festhalten, dass der Einfluss und die Bedeutung von Arbeitszeugnissen mit den Anforderungen der Arbeitsaufgaben und der Qualifikation der Bewerber steigt, wenn es um eine bestimmte berufliche Position geht. Kein Bankangestellter, kein Versicherungskaufmann, Vertriebsmitarbeiter oder Angestellter des öffentlichen Dienstes wird seinen Arbeitsplatz wechseln können, ohne dass dem Arbeitgeber Zeugnisse vorgelegt werden müssen bzw. ohne dass dieser Einblick in die Personalakte nimmt. Wie eine Gauß'sche Normalverteilungskurve steigt die Einflussnahme der Zeugnisse auf die Personalentscheidung an und hat ihren Höhepunkt bei der Auswahl von Führungskräften im mittleren Management, um dann wieder bei den Positionen mit Jahresbruttoeinkommen von etwa 90.000 Euro und mehr deutlich zu fallen. Bei den doppelten Einkommen, also etwa ab 175.000 Euro p.a., spielen aktuelle Zeugnisse kaum noch eine Rolle. Kein Arbeitnehmer fängt jedoch seine berufliche Karriere in diesen Gehaltsgefilden an, und bevor er/sie dieses Niveau erreicht hat, wurden in der Regel einige Berufsjahre verbracht, in denen er/sie wie andere auch beurteilt worden ist. So ist dann ein kurzer Blick in die Beurteilungsunterlagen, verbunden mit der Frage, wie wurde er/sie denn vor zehn Jahren (und drumherum) eingeschätzt und wie sind die Zeugnisformulierungen gewählt, nicht unüblich. Man hofft, Hinweise auf noch heute vorhandene Verhaltensmerkmale und Wesenszüge zu erhalten.

2. Welchen Zweck haben Arbeitszeugnisse?

Arbeitszeugnisse dienen dem Arbeitnehmer als Nachweis für seine Eignung bei der Bewerbung um eine neue Arbeitsstelle. Neben den anderen Bewerbungsunterlagen wie Anschreiben und Lebenslauf stellen sie das schriftliche Beweismaterial für seine Leistungen und Fähigkeiten sowie sein Verhalten bei vorangegangenen Arbeitsstellen dar. Je nachdem ob die Zeugnisse gut oder schlecht ausfallen, sind sie für den Arbeitnehmer förderlich oder hinderlich im Laufe seiner beruflichen Laufbahn. Für den Arbeitgeber sind die Zeugnisse eine wichtige Informationsquelle über den möglichen neuen Mitarbeiter. Der potenzielle neue Arbeitgeber untersucht die Qualität und Aussagekraft der Zeugnisse, um daraus Schlüsse über die Eignung des Kandidaten für die zu besetzende Stelle zu ziehen. Beachten sollte man in diesem Zusammenhang aber auch, dass der persönliche Gesamteindruck des Kandidaten entscheidend ist und Zeugnisse nur einen der vielen Mosaiksteine dieses Gesamtbildes wiedergeben.

3. Was versteht man unter der Wahrheitspflicht?

Oberster und erster Grundsatz für die Zeugnisformulierung ist die Wahrheit der Beurteilung (Bundesarbeitsgericht, Urteil vom 23.6.1960, 5 AZR 560/58). Das bedeutet, dass nur Tatsachen, aber keine Behauptungen, Annahmen oder Verdachtsmomente angeführt werden dürfen. Das Zeugnis kann seinen Zweck, Auskunft über die Leistungen, Fähigkeiten und die Führung des Arbeitnehmers zu geben, nur dann erfüllen, wenn sichergestellt ist, dass die Aussagen im Zeugnis der Wahrheit entsprechen.

4. Was versteht man unter der Wohlwollenspflicht?

Bei der Ausstellung eines Zeugnisses gilt neben der Wahrheitspflicht die so genannte Wohlwollenspflicht. Hiermit ist der wohlwollende Maßstab eines verständnisvollen Arbeitgebers gemeint, der dem Arbeitnehmer das berufliche Fortkommen nicht ungerechtfertigt erschweren darf (Bundesgerichtshof, Urteil vom 26. November 1963, VI ZR 221/62).

Wie schon gesagt, kann die Forderung nach wohlwollender Beurteilung bei gleichzeitiger Wahrheitspflicht einen gewissen Konflikt bedeuten, so dass man in der heute gängigen Arbeitszeugnispraxis qualifizierte Zeugnisse in der Regel positiv formuliert, Negatives wegfallen lässt und massive Probleme verklausuliert.

5. Warum gibt es eine besondere Zeugnissprache und was ist bei dieser zu beachten?

Die für die Formulierung eines Arbeitszeugnisses geltenden Grundsätze der Wahrheit und des Wohlwollens sind bekanntermaßen subjektiv. Angesichts der Tatsache, dass Arbeitgeber heutzutage ein erhöhtes Risiko einer arbeitsgerichtlichen Auseinandersetzung eingehen, wenn sie eine offene, deutlich kritische Beurteilung von Leistung und Verhalten ihres Arbeitnehmers zu Papier bringen, hat sich ein unübersehbarer Trend zu freundlich klingenden Zeugnisfloskeln herauskristallisiert, die jedoch keineswegs wirklich das bedeuten, was sie auf den ersten Blick dem Wortlaut nach auszusagen scheinen. Bei der Durchsicht eines Zeugnisses gilt umso mehr die Frage: Meint der Verfasser, was er schreibt, und schreibt er, was er meint? Die generelle Antwort müsste leider eher »nein« lauten.

Der Leser eines Zeugnisses steht quasi vor der Aufgabe eines Schriftdeuters, der einen chiffrierten Text – ägyptischen Hieroglyphen vergleichbar – auf die darin verborgene wahre Bedeutung und Botschaft zu untersuchen, zu entschlüsseln und für sich persönlich zu bewerten hat. Dabei muss gleichzeitig analysiert werden, ob der Zeugnisaussteller in der Chiffrierkunst ein Profi ist oder eher ein Laie, der ungeübt, unbeholfen, vielleicht sogar unwissend und ohne jede bewusst böse Absicht mehr oder minder das schreibt, was er meint. Wenn auch unter Arbeitgebern und Personalchefs die offiziell verkündete Meinung herrscht, dass es gar keine geheime überbetriebliche Absprache über die Bedeutung von Zeugnisformulierungen gäbe, so weiß doch jeder Personal-Fachmann, dass bestimmte Formulierungen andere Botschaften transportieren, als man gemeinhin aus den Worten entnehmen würde.

6. Nach welchen Kriterien wird ein Zeugnis interpretiert?

Bei der Zeugnisanalyse geht es zunächst um den formalen Rahmen, um Angaben über Art und Inhalt Ihrer Tätigkeit, Leistung und Führung, die Einschätzung Ihres Arbeitserfolges, eine Bewertung Ihres interpersonellen betrieblichen Verhaltens, den Kündigungs- bzw. Ausscheidungsgrund sowie um einen globalen Gesamteindruck, der sich aus verschiedenen Aspekten zusammensetzt.

Für die Interpretation Ihres Arbeitszeugnisses wird außerdem herangezogen, wie was gesagt oder nicht gesagt, d.h. bewusst weggelassen wird. Bei jedem Arbeitszeugnis stellt sich schließlich die Frage, ob es wirklich in dem Sinne geschrieben wurde, wie es der Leser jetzt liest und interpretiert, und ob sowohl die Schreib- als auch die Lese- und Interpretationsart gerechtfertigt sind.

Schon unsere Schulzeugnisse sollten uns eigentlich gelehrt haben, dass Papier nicht nur geduldig ist, sondern auch alle Beurteilung relativ und subjektiv. Deshalb kann vor einer Selbstüberschätzung im Erstellen und Interpretieren von Zeugnissen nur gewarnt werden. Es liegt nicht nur an der einzelnen Formulierung, die zu einem positiven oder negativen Arbeitszeugnis führt, sondern vielmehr am Gesamteindruck, der sich dem geschulten Leser vermittelt. Statt der Interpretation von einzelnen isolierten Formulierungen müssen immer die Zusammenhänge zwischen den einzelnen Elementen gesehen werden. So wird es den Zeugnisdeuter zum Beispiel nicht sonderlich beeindrucken zu lesen, welche positiven Leistungen ein Mitarbeiter erbracht hat, wenn am Ende des Zeugnisses sein selbstgewählter Fortgang nicht auch bedauert wird (so genannte Widerspruchstechnik). Und auch die kurze Verweildauer (bis zu zwei Jahren) im Betrieb ist ein deutlicher Hinweis darauf, dass die »verantwortungsvolle Tätigkeit in höchst wichtigen Arbeitsbereichen« nicht viel mehr als warme Luft ist.

7. Wie werden positive und negative Aspekte eines Zeugnisses beschrieben?

Am Beispiel der globalen Leistungsbeurteilung lässt sich schnell und anschaulich verdeutlichen, wie positive Aspekte im Vergleich zu negativen formuliert werden. Betrachten Sie einmal folgende drei unterschiedliche Beschreibungen der Leistung:

- »XY hat die ihm übertragenen Aufgaben stets zu unserer vollsten Zufriedenheit erledigt.«
- »Wir waren mit den Leistungen von XY zufrieden.«
- »XY hat sich bemüht, unseren Erwartungen zu entsprechen.«

Auf die kleinen Worte kommt es an: Die Beschreibung von Zufriedenheit im Arbeitszeugnis ohne weitere Zusätze attestiert lediglich knapp ausreichende Leistungen. Im Gegensatz zur Schule oder zur Universität kommt man aber mit einem »Ausreichend« (ja eigentlich auch schon bereits mit einem »Befriedigend«) im Arbeitsleben nicht weiter. Mit anderen Worten: Die Arbeitsleistungen sind gut oder besser oder sie sind schlecht, sprich: Es reicht nicht. Die uns allen bekannte Durchschnittsskala von befriedigend bis ausreichend wird im Arbeitsleben nicht so bewertet und ist eindeutig dem negativen Bewertungspool (unbefriedigend/»untauglich«) zuzuordnen. Somit spiegelt die mittlere Aussage »Wir waren mit den Leistungen von XY zufrieden« eine unbefriedigende Wertschätzung der Arbeitsleistung und damit verbunden leider auch der Person des Beurteilten als Arbeitnehmer.

Im Zusammenhang mit dem Adjektiv »voll« oder besser noch »vollst« – einer sprachlichen Steigerung, die grammatikalisch bedenklich ist, sich aber durchgesetzt hat – werden qualifizierte, also bessere Leistungen attestiert. Wichtig: Damit es wirklich »gut« bzw. »sehr gut« bedeutet, bedarf es der Zusätze »stets«, »jederzeit«, »immer« bzw. der Kombination »jederzeit und in jeder Hinsicht« (adverbiale Bestimmungen der Zeit).

Die Formulierungen »... bescheinigen wir XY, dass wir mit seinen Leistungen zufrieden waren ...« oder »... hat XY zufriedenstellend gearbeitet ...« sind Urteile, die sich in ihrer Schlichtheit kaum mehr an der Untergrenze des Akzeptablen bewegen, also bereits eine nicht wirklich ausreichende Leistung attestieren. Insbesondere gilt dies, weil die Formulierung »bescheinigen wir« gewählt wurde, schlimmer noch wäre: »können wir bescheinigen« oder gar »müssen wir bescheinigen«.

Heißt es aber: »XY erledigte die ihm übertragenen Arbeiten im Großen und Ganzen zu unserer Zufriedenheit ...« oder »... wurde XY den ihm übertragenen vielseitigen Aufgaben im Wesentlichen gerecht ...« oder »... entsprachen die Leistungen von XY weitestgehend unseren Erwartungen ...«, werden damit absolut mangelhafte Arbeitsleistungen attestiert.

Die entsprechenden Negativ-Formulierungen stecken in den Zusätzen: »Im Großen und Ganzen«, »im Wesentlichen«, »teilweise«, »in etwa«. Noch Schlimmeres wird bescheinigt, wenn man zu Umschreibungen greift wie »ist bemüht«, »bestrebt« oder »willens«. Auch die Formulierung »... hatte Gelegenheit, die gestellten Aufgaben zu unserer Zufriedenheit zu erledigen ...« oder »... zeigte für seine/ihre Arbeit Verständnis ...« enthalten im Klartext eine krasse Abwertung der Arbeitsleistung und damit ein totales »Ungenügend«.

Aussagen über die persönliche Führung, wie z.B. vorbildliches Verhalten, aufgeschlossenes Wesen, Hilfsbereitschaft, sind eigentlich nur mit entsprechendem zeitlichem Zusatz wie »jederzeit« oder »in jeder Hinsicht« sicher positiv zu werten. Wird aber formuliert: »... können wir bestätigen, dass sein Verhalten gegenüber Kollegen und Kunden einwandfrei war ...« oder »... bestätigen wir, dass das persönliche Verhalten von XY einwandfrei war ...« (alternativ: »... gab es zu Beanstandungen keinen Anlass ...«), steckt hier der böskritische Hinweis auf Fehlverhalten in der Tatsache, dass nichts über das Verhalten gegenüber dem Vorgesetzten gesagt wurde. Gemeint ist: Achtung – hier gab/gibt es Probleme. Auch sind die beiden letzten Formulierungen so knapp (insbesondere z.B. der ausdrückliche Hinweis »müssen wir bestätigen«), dass diese die denkbar schlechteste Benotung bedeuten. Aber selbst dabei kann es noch Steigerungsformen geben, z.B. durch den Hinweis »... war im Wesentlichen ...« oder »... gab selten zu Beanstandungen Anlass ...«.

8. Was versteht man unter »beredtem Schweigen« im Zusammenhang mit Zeugnisformulierungen?

Hierunter ist die Kunst des Weg- und Auslassens zu verstehen, die Zeugnisaussteller anwenden, um ihre Unzufriedenheit mit dem zu Beurteilenden zum Ausdruck zu bringen. Folgendes Beispiel einer Leistungs- und Verhaltensbeurteilung soll dies näher erklären:

»... XY war fleißig und ehrlich ... Darüber hinaus verfügt XY über ein bemerkenswertes Bildungsniveau, das ihn stets zu einem interessanten Gesprächspartner machte. Seine Kolleginnen und Kollegen schätzten ihn insbesondere wegen seiner mannigfachen Fähigkeiten und seines humorvollen Wesens. Auch in schwierigen Situationen kam XY seine freundliche Gelassenheit zugute ...«

Dieses vermeintlich wohlwollend-lobend klingende Traktat ist in Wahrheit ein Faustschlag ins Gesicht. Es fängt damit an, dass die – falls überhaupt aufgeführte – eigentlich nur als Trias zu verwendende Beschreibung Ehrlichkeit, Pünktlichkeit und Fleiß hier eine böse Lücke aufweist und damit grobe Unpünktlichkeit und Unzuverlässigkeit signalisiert. In einer etwas anspruchsvolleren Position dürften diese Beschreibungskriterien übrigens überhaupt gar nicht erst auftauchen, weil sie schlicht beschreibungsunwürdig sind, es sei denn, man möchte jemandem schaden. Der »interessante Gesprächspartner« bedeutet in der Interpretation Geschwätzigkeit, das humorvolle Wesen unangenehmer Witzbold und die bescheinigte »freundliche Gelassenheit in schwierigen Situationen« heißt so viel wie: Der Beurteilte leistete passiven Widerstand.

Neben den bereits interpretierten Formulierungen ist in diesem Beispiel für die Deutung ebenso entscheidend, dass die wesentlichen Bestandteile der Leistungsbeurteilung fehlen: die Beschreibung der Arbeitsbereitschaft, -befähigung, -weise, -erfolge, Weiterbildungsmotivation sowie eine zusammenfassende Leistungsbeurteilung. Eine den Regeln entsprechende Verhaltensbeurteilung wird auch nicht angewendet. Stattdessen werden unwichtige persönliche Charaktereigenschaften genannt und das Verhalten gegenüber Kollegen nur im Zusammenhang mit Humor dargestellt. Das Verhalten gegenüber Vorgesetzten bleibt vollkommen unerwähnt. Diese nur sehr unzureichende und fragwürdig formulierte Beurteilung ist schlichtweg ungenügend.

Grundsätzlich lässt sich festhalten, dass Aussagen zu folgenden Zeugnisbestandteilen nicht fehlen dürfen: die genaue Dauer der Beschäftigung, eine umfassende Beschreibung der Tätigkeiten sowie Arbeiten, Problemlösungen etc., die bewältigt wurden, eine Verhaltensbeurteilung inklusive der Beschreibung des Verhaltens gegenüber Vorgesetzten, das Führungsverhalten bei Führungskräften, die Angabe, wer gekündigt hat, und der Grund der Kündigung (ausgenommen der Arbeitnehmer wünscht dies nicht) sowie die Dankes-Bedauern-Formel mit Zukunftswünschen.

9. Was bedeuten folgende Zeugnisformulierungen für die Arbeitsleistung?

Die nachstehende Liste zeigt verschiedene Formulierungen der Arbeitsleistung mit den entsprechenden Interpretationen:

- »... erledigte alle Arbeiten mit großem Fleiß und Interesse ...«
  = Eifer ja, aber kein Erfolg.
- »... hat alle ubertragenen Arbeiten ordnungsgemäß erledigt ...«
  = ein Bürokrat ohne Eigeninitiative.
- »... möchten wir seine Fähigkeit hervorheben, die Aufgaben mit vollem/großem Erfolg zu delegieren ...«
  = Drückeberger.
- »... hat sich im Rahmen seiner Fähigkeiten eingesetzt ...«
  = äußerst schwache Leistung.
- »... zeigte für die Arbeit Verständnis ...«
  = Faulpelz.

- »... hat sich bemüht, den Anforderungen gerecht zu werden ...«
= Versager.

- »... erledigte die übertragenen Arbeiten mit Fleiß und war stets willens, sie termingerecht zu beenden ...«
= absolut mangelhafte Leistungen.

- »... hat sich mit großem Eifer an diese Aufgabe herangemacht und war auch erfolgreich ...«
= leider dennoch mangelhafte Leistungen.

- »... schätzen wir ihn als einen eifrigen Mitarbeiter, der die ihm gemäßen Aufgaben schnell und sicher bewältigen kann ...«
= hat leider nichts drauf.

- »... müssen wir ihm bescheinigen, dass er sich den ihm übertragenen Aufgaben mit Eifer gewidmet hat ...«
= Pechvogel, ohne jeden Erfolg.

- »... verfügt über Fachwissen und zeigt ein gesundes Selbstvertrauen ...«
= geringe Fachkenntnisse, aber »große Klappe«.

- »... hat unserem Unternehmen großes Interesse entgegengebracht ...«
= aber nichts geleistet.

- »... zeigte er sich den Belastungen gewachsen ...«
= die Nerven liegen schnell blank.

- »... koordinierte er die Arbeit seiner Mitarbeiter und gab klare Anweisungen ...«
= schlechte Führungs- und Vorgesetztenqualität.

- »... er erfüllte seine Aufgaben zu unserer Zufriedenheit ...«
= mäßige, kaum brauchbare Leistung.

- »... er war immer mit Interesse bei der Sache ...«
= er hat sich angestrengt, aber nichts geleistet. Man kann ihm nichts vorwerfen, aber auch nichts Großartiges erwarten.

10. Was bedeuten folgende Zeugnisformulierungen für die Verhaltensbeurteilung?

Die folgende Liste zeigt verschiedene Beschreibungen der Verhaltensbeurteilung mit den dazugehörigen Bedeutungen:

- »... ist ein zuverlässiger/gewissenhafter Mitarbeiter ...«
= er ist da, wenn man ihn braucht, aber keineswegs immer brauchbar.

- »... hat nie zu Klagen Anlass gegeben ...«
= kann aber auch nicht gelobt werden.

- »... war tüchtig und wusste sich gut zu verkaufen ...«
= ein unangenehmer Mitarbeiter und Zeitgenosse.

- »... war wegen seiner Pünktlichkeit stets ein gutes Vorbild ...«
= eine totale Niete.

- »... lernten wir ihn als umgänglichen Kollegen kennen ...«
= man sah ihn lieber von hinten als von vorn oder: keine Personalbetreuungs- und Führungsfähigkeiten.

- »... war bei unseren Kunden schnell beliebt ...«
= kein Standing bei Kunden.

- »... wann immer Probleme auftraten, zeigte er sich stets kompromissbereit ...«
= zu starke Nachgiebigkeit.

- »... trug durch seine Geselligkeit zur Verbesserung des Betriebsklimas bei ...«
= Vorsicht, Alkoholiker!

- »... durch seine anpassungsfähige und freundliche Art war er im Unternehmen sehr geschätzt...«
= hat während der Dienstzeit Probleme mit Alkohol.

- »... bewies ein umfassendes Einfühlungsvermögen für die Belegschaft ...«
= ist homosexuell veranlagt.

- »... bewies stets Einfühlungsvermögen für die Belange der Belegschaft ...«
  = Vorsicht, sucht Sexkontakte mit Kollegen bzw. Kolleginnen!

- »... galt im Kollegenkreis als toleranter Mitarbeiter ...«
  = für seine Vorgesetzten ein harter Brocken.

- »... ist mit seinem Vorgesetzten gut zurechtgekommen ...«
  = ein Mitläufer, der sich gut zu verkaufen weiß.

- »... ist sowohl innerhalb als auch außerhalb unseres Betriebes engagiert für die Interessen der Kollegen/Arbeitnehmer eingetreten ...«
  = Vorsicht, Betriebsratsmitglied/gewerkschaftliches Engagement!

- »... verstand er es stets, seine Interessen in unserem Unternehmen durchzusetzen ...«
  = unangenehmer, kompromissunfähiger Typ.

11. Was bedeuten folgende Zeugnisformulierungen für die Beendigung des Arbeitsverhältnisses?

Hinter den nachstehenden Formulierungen des Zeugnisabschlusses verbergen sich folgende Interpretationen:

- »... haben wir uns im gegenseitigen Einvernehmen getrennt ...«
  = dem Arbeitnehmer musste das Ausscheiden nahe gelegt werden, sonst wäre er gekündigt worden.

- »... unsere besten Wünsche begleiten ihn ...«, »... wünschen ihm für die Zukunft alles nur erdenklich Gute ...«, »... wir wünschen ihm alles Gute, vor allem Gesundheit ...«
  = Entwertung des Zeugnisses durch ironische Schlussformulierungen. Achtung, Gesundheitsprobleme!

- »... für seine Mitarbeit bedanken wir uns ...«
  = ... und tschüss!

- »... wünschen wir ihm für den weiteren Weg in einem anderen Unternehmen viel Erfolg ...«
  = bloß gut, dass wir ihn endlich los sind!

- »... wünschen wir ihm, dass er zukünftig auf seinem Berufs- und Lebensweg viel Erfolg hat ...«
  = bei uns hatte er ihn leider nicht.

12. Welches sind die wichtigsten Methoden der Zeugnis-Verschlüsselungstechnik?

Auf den Punkt gebracht umfassen die Zeugnis-Verschlüsselungstechniken folgende Methoden:

- Wichtige und notwendige Zeugnisinhalte fehlen bzw. werden bewusst weggelassen (Stichwort »beredtes Schweigen«).
- Selbstverständliches wird über Gebühr betont.
- Entwertungen werden durch die Reihenfolge signalisiert, indem Unwichtiges vor Wichtigem rangiert.
- Einschränkungen räumlicher oder zeitlicher Art bringen eine Geringschätzung zum Ausdruck.
- Mehrdeutigkeiten werden bewusst eingesetzt, um negative Vorkommnisse oder Eigenschaften anzudeuten.
- Die häufige Verwendung der Passivform soll auf mangelnde Aktivität und Eigeninitiative aufmerksam machen.
- Der Einsatz des Stilmittels Verneinung bedeutet in der Regel das Gegenteil des Gesagten.
- Die lediglich kurze, knappe Würdigung oder Abhandlung einzelner inhaltlicher Punkte dokumentiert eine Geringschätzung.
- Fast karikierende Übertreibung und Ironie sind deutliche Warnsignale in Richtung massiv fehlender Wertschätzung bzw. Entwertung des gesamten Zeugnisses.

13. Was versteht man unter dem Ganzheitscharakter eines Zeugnisses?

Hiermit ist gemeint, dass Sie ein Zeugnis immer in seiner Gesamtheit betrachten bzw. interpretieren müssen. Es dürfen möglichst keine Widersprüche vorkommen. Auch der Schreiber sollte dies immer vor Augen haben, wenn er das Zeugnis verfasst. Die einzelnen Bestandteile des Zeugnisses müssen aufeinander abgestimmt sein und sich zu einer Gesamtkomposition zusammenfügen. Ist beispielsweise die Beschreibung der Tätigkeiten sehr positiv und umfassend ausgefallen, die zusammenfassende Leistungsbeurteilung ganz ordentlich, aber die Reihenfolge bei der Verhaltensbeurteilung nicht korrekt und fehlen Zukunftswünsche am Schluss, werden die vorherigen positiven Merkmale wieder deutlich entwertet. Es ergibt sich kein positives Gesamtbild mehr. Natürlich kann dies vom Zeugnisschreiber absichtlich so angelegt sein, damit sachkundige Leser erkennen, dass der Empfänger gegenüber dem Vorgesetzten aufmüpfig oder ein eher unliebsamer Mitarbeiter war, den man trotz sonst gut geleisteter Arbeit lieber loswerden möchte.

Es ist neben oben beschriebenen Widersprüchlichkeiten auch auf formale Kriterien, Fehlendes oder Überflüssiges im gesamten Zeugnis zu achten. Erst wenn alle Bestandteile ein positives Gesamtbild ergeben, haben wir es mit einem positiven Zeugnis zu tun.

14. Woran erkennen Sie ein gutes Zeugnis?

Für ein gutes Zeugnis sollten zunächst einmal alle formalen Standards erfüllt sein. Ferner müssen im Zeugnis alle wesentlichen Bestandteile enthalten sein. Der Umfang des Zeugnisses sollte der Beschäftigungszeit entsprechen und die Position des Unterzeichners klar erkennbar sein (möglichst der Personalchef oder Geschäftsführer des Unternehmens). Das Datum darf nicht mehr als ein, zwei Tage vom Austrittsdatum aus dem Betrieb entfernt sein, am besten ist es mit diesem identisch.

Wenn neben diesen formalen Kriterien die geleisteten Tätigkeiten, Fertigkeiten und Kenntnisse sowie das Verhalten entsprechend glaubwürdig positiv beschrieben werden und insgesamt einen guten Gesamteindruck vermitteln, handelt es sich um ein gutes Zeugnis. Hierbei ist zu berücksichtigen, dass bei längerer Zugehörigkeit zu einem Unternehmen auch die Entwicklung innerhalb des Betriebes zu schildern ist. Ein Zeugnis kann auch dann als gut angesehen werden, wenn es Ihre besonderen Stärken und Fähigkeiten deutlich zum Ausdruck bringt. Es sollten keine Widersprüche im Zeugnis vorkommen, sondern alle Angaben eindeutig und stimmig sein. Sobald einzelne Aspekte durch bestimmte verschlüsselte Formulierungen geschildert werden – wie z. B. häufige Passivkonstruktionen oder Verneinungen als Stilmittel –, kann der sonst gute Gesamteindruck ins Wanken geraten und beim Leser zu Recht Zweifel aufkommen lassen, ob der Kandidat des vorliegenden Zeugnisses wirklich gute Arbeit geleistet hat.

Insgesamt möchten wir betonen, dass ein Superzeugnis nicht unweigerlich als ein gutes Zeugnis anzusehen ist. Wird der Kandidat über den grünen Klee gelobt und klingt alles zu positiv, ist dies auch irgendwie »verdächtig«. Hier kann der Eindruck entstehen, dass irgendetwas nicht stimmt. Am besten ist es, wenn Sie ein zweifelloses, dem formalen Standard entsprechendes, gutes Zeugnis vorweisen können.

15. Woran erkennen Sie ein schlechtes Zeugnis?

Ein Zeugnis kann aus verschiedenen Gründen als schlecht angesehen werden. Zum einen ist es allein schon dann schlecht, wenn es nicht den formalen Standards entspricht. Wenn es beispielsweise nicht auf dem Geschäftspapier des Unternehmens geschrieben ist, falsche Daten, grammatikalische oder Rechtschreibfehler enthält oder gar in geknickter Form vorliegt.

Ein anderer Grund kann das Fehlen von einem oder mehreren wichtigen Zeugniskomponenten sein. Werden am Schluss eines Zeugnisses z. B. keine Zukunftswünsche angeführt, ist nicht genannt, von wann bis wann der Zeugnisempfänger in welcher Position war, oder fehlt die zusammenfassende Leistungsbeurteilung, kann das Zeugnis nur als schlecht angesehen werden.

Wenn bei der Aufgabenbeschreibung unwichtige oder zeitlich begrenzte Tätigkeiten besonders hervorgehoben werden und die Reihenfolge der aufgelisteten Arbeiten nicht entsprechend der Rangfolge der Wichtigkeit dieser Tätigkeiten entspricht, sind dies auch deutliche Kriterien für ein weniger gutes bis schlechtes Zeugnis.

Kommen im Zeugnis verschlüsselte Formulierungen vor, die Zweifel an der Leistung des Zeugnisempfängers aufkommen lassen, ist das für den Beurteilten katastrophal.

Entscheidend für ein schlechtes Zeugnis ist allerdings immer auch das Gesamtbild. Ein einzelner Aspekt kann auch mal nicht so gut ausfallen, wenn trotzdem das Zeugnis insgesamt einen positiven Eindruck hinterlässt, ist dies schon noch akzeptabel. Wenn aber mehrere negative Komponenten zum Tragen kommen und ganz elementare Aspekte fehlen oder so beschrieben wurden, dass sie eindeutig als negativ zu interpretieren sind, haben wir es mit einem schlechten Zeugnis zu tun.

16. Was sind die häufigsten Gründe für ein gutes Zeugnis?

Als Gründe für ein besonders gutes, wohlwollend klingendes Zeugnis lassen sich folgende Aspekte anführen:

- Leistung und Gesamtverhalten des Arbeitnehmers sind wirklich gut und der Arbeitgeber will seine Zufriedenheit darüber zum Ausdruck bringen.
- Der Arbeitgeber ist mit Leistung und Gesamtverhalten des Arbeitnehmers unzufrieden und möchte das Arbeitsverhältnis beenden, hat aber keine ausreichenden Gründe für eine Kündigung. Bei den Gesprächen über eine Trennung in beiderseitigem Einvernehmen kommt es zu der Übereinkunft eines positiven Arbeitszeugnisses (Stichwort »Wegloben«).
- Der Arbeitnehmer durfte sich – aus welchen Gründen auch immer – sein Zeugnis selbst schreiben und hat dieses mit Hilfe der einschlägigen Literatur professionell gestaltet.
- Ein zunächst ausgehändigtes weniger positives Zeugnis war Anlass für den Arbeitnehmer, vor das Arbeitsgericht zu ziehen bzw. mit einer Klage zu drohen. Daraufhin hat der Arbeitgeber das Zeugnis positiv umgestaltet.
- Aus allein betriebsbedingten Gründen muss dem Arbeitnehmer – auch zum Bedauern des Arbeitgebers – gekündigt werden und er fühlt sich moralisch verpflichtet, die Arbeitsplatzsuche seines (ehemaligen) Arbeitnehmers zu unterstützen.
- Der Zeugnisaussteller fühlt sich über Gebühr an die Wohlwollenspflicht gebunden, jedenfalls deutlich mehr als an den Wahrheitsgrundsatz.

17. Welche Gründe gibt es für ein schlechtes Zeugnis?

Weniger wohlwollende Zeugnisse können aufgrund folgender spezifischer Motive formuliert worden sein:

- Objektiv gesehen hat der Arbeitnehmer wirklich nicht gerade »glänzende« Leistungen erbracht.
- Ein extrem hoher Beurteilungsmaßstab sowie ausgesprochene Strenge auf Seiten des Arbeitgebers führen zu einer Verzerrung und damit negativen Beurteilung.
- Aus pädagogischen Erwägungen für die im Betrieb verbleibenden Arbeitnehmer formuliert der Arbeitgeber negativ, damit die Mitarbeiter sehen, dass nur wirklich gute Leistungen im Zeugnis »belohnt« werden (keine Gefälligkeitszeugnisse).
- Aus kollegialer Verpflichtung (bzw. »Corpsgeist«) dem neuen Arbeitgeber gegenüber soll dieser eine zuverlässige, kritisch würdigende Beurteilungsgrundlage erhalten (»Der muss wissen, was mit diesem Bewerber auf ihn zukommt!«).
- Subjektive Antipathiefaktoren auf Seiten des Beurteilers spielen eine Rolle. Man hatte nie die gleiche Wellenlänge bis hin zu ausgeprägteren Konkurrenz- und Neidgefühlen. Der Geselle war evtl. besser als der Meister.
- Motiv Rache – aus Enttäuschung über den Weggang des Arbeitnehmers (den man doch z.B. gerade noch auf eine Fortbildung geschickt hatte).
- Das Image des Unternehmens (bezogen auf Ansprüche, »Standards«) soll nach außen hin durch ein strenges Zeugnis dokumentiert werden.

- Aus (evtl. neurotisch, d.h. paranoid getönter) Sorge vor etwaigen Schadenersatzansprüchen des neuen Arbeitgebers.

- Mangelhafte Kenntnisse über die professionelle Erstellung von Zeugnissen färben den Gesamteindruck oder einzelne Formulierungen negativ oder zumindest widersprüchlich.

- Dies kann für Arbeitgeber ebenso gelten wie für Arbeitnehmer, die ihr Zeugnis selbst schreiben dürfen, aber die Regeln nicht beherrschen.

18. Wie können Sie Ihre Interessen erfolgreich durchsetzen, wenn Sie ein Zeugnis beantragen?

Um Ihre Interessen effektiv durchsetzen zu können, müssen Sie sich zunächst gründlich mit dem Thema Arbeitszeugnisse auseinander setzen. Ein Arbeitszeugnis ist eine wichtige, wirklich ernst zu nehmende Angelegenheit. Unterschätzen Sie seine Bedeutung nicht und nehmen Sie sich Zeit dafür. Es ist ratsam, dass Sie sich die wichtigsten Kenntnisse über die formalen Kriterien und Bestandteile eines Zeugnisses aneignen. Ferner sollten Sie wissen, wie ein Zeugnis formuliert sein sollte und was sich hinter bestimmten Aussagen verbirgt. Sie müssen unbedingt lernen, welche Botschaft bei einem Zeugnis zwischen den Zeilen steht, damit Sie das Ihnen ausgestellte Zeugnis auch halbwegs selbst interpretieren können.

Verzichten Sie niemals auf Ihr Recht, ein Zeugnis zu verlangen, auch wenn Sie nur für eine kurze Zeit beschäftigt waren. Achten Sie darauf, dass Sie den Arbeitgeber rechtzeitig um ein Zeugnis bitten, damit dieser noch genügend Zeit dafür hat bis zu Ihrem Ausscheiden aus der Firma. Weil Sie den Wert, aber auch die Schwierigkeiten im Zusammenhang mit Zeugnissen kennen, nehmen Sie bei einer einvernehmlichen Beendigung des Arbeitsverhältnisses per Auflösungsvertrag Ihren Zeugniswunsch so konkret wie möglich in die Verhandlung mit auf. Am besten geschieht dies bereits ausformuliert als Anlage zu der getroffenen Auflösungsvereinbarung. Eine bloße Absichtserklärung, Sie würden ein positives Zeugnis zu einem bestimmten Zeitpunkt erhalten, kann jede Menge (unangenehme) Überraschungen bergen.

Bei einer normalen Kündigung sollten Sie bereits unmittelbar zum Mitteilungszeitpunkt ein so genanntes vorläufiges Zeugnis durchsetzen. Hieran sehen Sie schnell die Beurteilungstendenz und haben jetzt eine bessere Ausgangssituation, über Inhalt und Leistungskriterien des endgültigen Arbeitszeugnisses zu verhandeln, als nach Ausscheiden aus dem Unternehmen. Es ist sehr zu empfehlen, dass Sie immer die Bereitschaft signalisieren, an der Formulierung eines Zeugnisses mitzuhelfen. Sie sollten in der Lage sein, Ihren Aufgabenbereich und Ihre Leistungen angemessen auf dem Papier darzustellen bzw. die wichtigsten Stichworte zu liefern.

Noch besser ist es, sich selbst aktiv zu beteiligen, indem Sie dem Arbeitgeber anbieten, einen ausformulierten Zeugnisentwurf einzureichen.

19. Wie sollten Sie sich verhalten, wenn Sie mit dem Zeugnis nicht einverstanden sind?

Wenn Sie ein Zeugnis erhalten, bei dem Sie sofort sehen, dass Sie mit einigen Punkten nicht einverstanden sind, sollten Sie auf keinen Fall direkt bei der Entgegennahme heftig oder gar ausfallend reagieren. Lesen Sie sich das Zeugnis auf jeden Fall zu Hause noch einmal gründlich und ruhig durch.

Wenn Sie sich bei einzelnen Aspekten in Ihrer Interpretation nicht ganz sicher sind, diskutieren Sie mit Freunden darüber. Sind Sie sich danach aber immer noch nicht einig und sind immer noch Fragen offen, wenden Sie sich an einen Fachmann (siehe auch S. 128) und hören Sie sich seinen Rat an.

Bitten Sie Ihren Vorgesetzten um ein Gespräch und bereiten Sie dieses sehr gut vor. Notieren Sie sich die Aspekte, die Sie kritisieren möchten, und überlegen Sie sich genau, wie Sie argumentieren wollen. Bleiben Sie immer sachlich, wenn Sie die Kritikpunkte vorbringen, und gehen Sie mit Ihrem Vorgesetzten die einzelnen Punkte ruhig durch. Am besten ist es, wenn Sie Ihrem Arbeitgeber dabei gleich Änderungsvorschläge präsentieren, die Sie auch begründen können. Mit konkreten Vorschlägen Ihrerseits lässt es sich besser argumentieren.

Sollte es schwierig sein, mit Ihrem direkten Vorgesetzten über Ihre Änderungen und Vorschläge zu sprechen, versuchen Sie es mit einem anderen Vorgesetzten, der Sie vielleicht auch kennt. Lassen Sie nichts unversucht, sich erst einmal gütlich zu einigen. Wenn ein Betriebsrat im Unternehmen vorhanden ist, schalten Sie ihn ebenfalls ein, denn er kann Sie auch unterstützen.

Erst wenn diese Möglichkeiten nicht zu einer Lösung der Einschätzungs- und Beurteilungsdifferenzen führen und Sie in Ihrem Bemühen, einen tragfähigen Kompromiss zu finden, wirklich nicht weiterkommen, sollten Sie juristische Schritte einleiten.

20. Was sind die hässlichsten Gemeinheiten, die man Ihnen als Zeugnisempfänger antun kann?

Zu den hässlichsten Gemeinheiten gehört, dass Sie wegen subjektiver Antipathie auf Seiten des Beurteilers ein schlechtes Zeugnis bekommen, das Ihren Leistungen nicht gerecht wird. Gründe hierfür liegen meistens in der Persönlichkeit des Arbeitgebers, der durch ausgesprochene Konkurrenz- und Neidgefühle dem Arbeitnehmer kein gutes Zeugnis gönnt und Ihnen nun in seiner Machtposition als Vorgesetzter aus Rache ein schlechtes Zeugnis ausstellt. Schwierig ist es dann für den Zeugnisempfänger, in einem Gespräch darzulegen und zu beweisen, warum er welche Tätigkeiten und Leistungen anders beschrieben und bewertet haben möchte.

Besonders gemein ist es, wenn der Zeugnisempfänger um ein Gespräch bittet, in dem er Vorschläge zur Veränderung des Zeugnisses vorbringen möchte, ihm aber nicht einmal Gelegenheit dazu gewährt wird. Möglicherweise hat der Beurteilende wenig Kenntnisse über die Ausstellung eines Zeugnisses, will sich keine Blöße geben und kann generell keine Kritik vertragen – schon gar nicht von einer ihm unterstellten Person.

Umso schwieriger ist es, wenn es sich um einen sehr kleinen Betrieb handelt, in dem keine anderen Vorgesetzten bzw. Gesprächspartner in Frage kommen und der ausscheidende Arbeitnehmer vollkommen auf jenen einen Arbeitgeber und Zeugnisaussteller angewiesen ist.

Arbeitnehmer in kleinen Betrieben sind auch dadurch benachteiligt, dass sie keinen Personal- oder Betriebsrat in beratender Funktion zur Verfügung haben. Es ist verständlich, dass sich in diesem Fall beim Zeugnisempfänger ein Gefühl der absoluten Machtlosigkeit einstellt. Will der Arbeitnehmer seine Interessen dennoch wahrnehmen und bleiben alle Versuche der gütlichen Einigung ohne Erfolg, hilft nur noch die Klage vor dem Arbeitsgericht.

21. Wann sollten Sie Ihren Arbeitgeber um ein Zwischenzeugnis bitten?

Neben der Tatsache, dass ein Arbeitnehmer bereits zum Zeitpunkt der Aussprache einer Kündigung – egal von welcher Seite die Kündigung erfolgt – einen Anspruch auf ein vorläufiges Arbeitszeugnis hat, ist allgemein anerkannt, dass Arbeitnehmer auch bei anderen triftigen Gründen ein Zwischenzeugnis verlangen können.

Wegen der besonderen Bedeutung des Zwischenzeugnisses für das Arbeitsleben – nicht nur für einen eventuell geplanten Arbeitsplatzwechsel – ist es wichtig, die Anlässe zu kennen. Es kommen folgende Situationen in Betracht:

- Kündigungsvorhaben des Arbeitnehmers bzw. sicher in Aussicht stehende Beendigung des Arbeitsverhältnisses (z.B. bevorstehender Ausbildungsabbruch oder befristeter Arbeitsvertrag)

- Mögliches Ende eines Arbeitnehmerverhältnisses (z.B. Beginn von Verhandlungen über einen Aufhebungsvertrag, drohender Konkurs des Unternehmens, bevorstehender Personalabbau, Betriebszusammenlegung oder -verlegung, Änderungskündigung, Erhalt einer Abmahnung, länger andauernde Erkrankung)

- Bewerbung des Arbeitnehmers um eine neue Stelle, wovon er dem Arbeitgeber auch berichtet (Arbeitnehmer möchte sich persönlich weiterentwickeln und sucht eine neue, attraktivere Position mit besserer Bezahlung als beim bisherigen Arbeitgeber)

- Bevorstehende innerbetriebliche Veränderungen (z.B. Umstrukturierungen durch Rationalisierung, bei der bestimmte Arbeitsbereiche wegfallen)

- Wechsel von Arbeitsplatz, Verantwortungsbereich und/oder Vorgesetztem (der Arbeitnehmer geht z.B.

für die Firma ins Ausland, er erhält eine höherwertige Position oder einen neuen Vorgesetzten)

- Spezielle Fortbildungs- und Aufstiegsvorhaben und -wünsche (Zeugnis wird oft zur Zulassung benötigt)
- Notwendige Vorlage bei Banken, Behörden und Gerichten
- Wenn das normale Beschäftigungsverhältnis auf absehbare Zeit unterbrochen wird (z.B. Schwangerschaft, Erziehungsurlaub, Wahl zum Betriebsrat, Einberufung zu Wehr-/Zivildienst, Freistellung für längere Weiterbildung und Studium, Übernahme eines politischen Mandats usw.)

22. Warum sollten Sie ein Zwischenzeugnis beantragen?

Erbitten Sie sich bei günstigem Anlass und passender Gelegenheit ein Zwischenzeugnis. Einem eventuellen Gegenargument stehen mindestens fünf positive Gründe gegenüber.

- Das Zwischenzeugnis wird meistens sehr wohlwollend formuliert. Schließlich will der Arbeitgeber Sie nicht demotivieren.
- Mit dem Zwischenzeugnis wird für einen längeren Zeitabschnitt Ihr Leistungsstatus und der Zufriedenheitsgrad Ihres Arbeitgebers »festgeklopft«. Bei überraschend auftretenden Unstimmigkeiten kann Ihr Arbeitgeber nicht plötzlich alle Ihre Leistungen oder Verhaltensweisen »schon immer« mehr als fragwürdig gefunden haben. Ein positives Zwischenzeugnis stellt somit einen gewissen Kündigungsschutz dar.
- Beim Ausscheiden aus dem Unternehmen kann das Zwischenzeugnis richtungsweisende Funktion für das Endzeugnis haben (juristischer Fachausdruck: Bindungswirkung). Dies dürfte bei einem guten Zwischenzeugnis nur zu Ihrem Vorteil gereichen und einen gekränkten – weil Sie ihn verlassen wollen – Arbeitgeber später bremsen, Ihre Gesamtleistungen nun plötzlich wenig bis kaum positiv zu beurteilen. Auch wenn der Arbeitgeber nicht verpflichtet ist, im Endzeugnis die gleichen Formulierungen wie im Zwischenzeugnis zu verwenden, so müssen doch inzwischen gravierende und beweisbare Tatbestände vorliegen, um nach einem guten Zwischen- ein schlechtes Endzeugnis zu rechtfertigen. So kann z.B. ein aktuelles positives Zwischenzeugnis eine wichtige Rolle in einer eventuellen Kündigungsschutzklage darstellen, wenn es im Gegensatz zu einer personen- oder verhaltensbedingten Kündigung steht.
- Wenn Sie sich aus Ihrem aktuellen Arbeitsverhältnis heraus bei einem anderen Unternehmen bewerben wollen, macht ein etwa sechs bis zwölf Monate altes Zwischenzeugnis mit entsprechend guter Begründung (»aus Anlass des Arbeitsbereichswechsels und auf Wunsch von Herrn/Frau XYZ stellen wir gerne dieses Zwischenzeugnis aus und hoffen auf weitere gute Zusammenarbeit«) immer einen positiven Eindruck in Ihrer Bewerbungsmappe.
- Sie erleben, wie Ihr Arbeitgeber mit Ihrem Anliegen umgeht und können darüber hinaus den Grad der Wertschätzung, die Ihre Leistungen in diesem Unternehmen aktuell erfahren, kennen lernen.

Einziger Negativpunkt könnte sein: Ihr Arbeitgeber gibt sich herzlich wenig Mühe, Sie bei Laune und positiv motiviert zu halten, weil er die besagte Bindungswirkung scheut und Ihnen den eventuellen Abgang nicht auch noch mit einem enthusiastischen Leistungsbeurteilungsdokument erleichtern will.

Generell ist davor zu warnen, ein Zwischenzeugnis zu beantragen, um den eigenen Marktwert zu testen, eine Gehaltserhöhung durchzusetzen oder dem Arbeitgeber eine bevorstehende Kündigung anzudrohen. Andererseits ist jedem Arbeitnehmer zu empfehlen, bei der richtigen Gelegenheit ein Zwischenzeugnis zu beantragen, da dies auch eine Absicherung im Hinblick auf das Endzeugnis bedeutet.

Zusammenfassend möchten wir betonen, dass ein Zwischenzeugnis meistens gut ausfällt und der Arbeitnehmer später kein wesentlich schlechteres Endzeugnis ausstellen kann, auch wenn er in Anbetracht einer Auflösung des Arbeitsverhältnisses oder bei einer Kündigungsschutzklage eine andere Beurteilung abgeben will.

23. Wie sollten Sie sich am besten verhalten, wenn Sie zu einem Vorstellungsgespräch eingeladen werden, Ihnen Ihr letzter Arbeitgeber aber ein unbefriedigendes Zeugnis ausgestellt hat?

Sollten Sie mit einem unbefriedigenden Arbeitszeugnis in Ihren Bewerbungsunterlagen zu einem Vorstellungsgespräch gehen, müssen Sie auf etwaige Fragen Ihres potenziellen neuen Arbeitgebers zu Aussagen im Zeugnis vorbereitet sein und Erklärungen abgeben können.

Sehr wahrscheinlich kennen Sie die Fragen am besten, die Sie bezogen auf den letzten Arbeitsplatz und das nicht so tolle Zeugnis in Verlegenheit bringen könnten. Also bereiten Sie sich vor, damit Sie wissen, was Sie auf entsprechende Fragen im Vorstellungsgespräch antworten werden.

Übrigens Vorsicht bei Schuldzuweisungen, die Sie als Erklärung oder gar Rechtfertigung vornehmen. Ihr Gegenüber, der potenzielle neue Arbeitgeber, wird sehr genau hinhören, wie Sie verbal damit umgehen, und Sie im schlimmsten Fall als »schwierigen Mitarbeiter« einschätzen. Beachten Sie auch den Grundsatz, dass Sie sich niemals negativ über den ehemaligen Vorgesetzten äußern dürfen. Der neue potenzielle Arbeitgeber könnte davon ausgehen, dass Sie später genauso über ihn massive Kritik verbreiten würden, wenn Sie sein Unternehmen verlassen.

24. Wie prüfen Personalentscheider auf die Schnelle, ob das Zeugnis in Ordnung ist?

Sie lesen das Zeugnis von unten nach oben. Sie prüfen, ob Ausstellungsdatum und Austrittstermin identisch sind oder nicht zu weit auseinander liegen, wie die letzten beiden Absätze formuliert wurden (Grund für das Ausscheiden, Dank/Bedauern/Zukunftswünsche), wie die Gesamtzufriedenheit bei Leistung und Verhalten aussieht und ob das Verhältnis von Zeugnisumfang und Verweildauer im Unternehmen stimmt. Nach einem Check von einer Minute weiß der geübte Leser, ob das Arbeitszeugnis o.k. oder eher kritisch zu bewerten ist.

25. Was sind die Essentials bei der schnellen Zeugnisprüfung?

Die wichtigsten Prüfkriterien:

- Formal korrektes Briefpapier des Unternehmens, Daten, Rechtschreibung
- Angemessener Umfang (1–2 Seiten)
- Inhaltliche Stimmigkeit mit deutlicher Wertschätzung
- Positive Formel für Dank/Bedauern/Zukunftswünsche
- Sind Austritts- und Ausstellungsdatum identisch?
- Unterschrift einer kompetenten Person, Name und Funktion gut lesbar

Do it yourself – Textbausteine für das Verfassen und Analysieren von Arbeitszeugnissen

In dem nun folgenden Katalog (Kompendium) von Beispielformulierungen für ein Arbeitszeugnis geht es uns darum, Ihnen übersichtlich zu zeigen, mit welchen Formulierungen welche Bewertung verbunden ist. Dazu haben wir eine Aufteilung in drei Zielgruppen vorgenommen:

- Gewerbliche Arbeitnehmer
- Angestellte
- Außertarifliche und leitende Angestellte

Die Textbausteine mit Beispielformulierungen sind nach dem Gliederungsschema geordnet, wie es üblicherweise bei Arbeitszeugnissen heutzutage verwendet wird:

- Einleitung
- Positions-, Aufgaben- und Tätigkeitsbeschreibung
- Leistungsbeurteilung
  - Arbeitsbereitschaft und -befähigung
  - Arbeitsweise
  - Arbeitserfolg (Arbeitsmenge, -tempo und -qualität)
  - Besondere Arbeitserfolge
  - Gegebenenfalls Führungsleistung
  - Gegebenenfalls Fachwissen/Weiterbildungsmotivation
  - Zusammenfassende Beurteilung der Leistung
- Verhaltensbeurteilung
  - Verhalten gegenüber Vorgesetzten, Kollegen und Dritten
  - Weitere persönliche und soziale Verhaltensaspekte
- Abschluss
  - Gründe für Beendigung des Arbeitsverhältnisses
  - Kündigung durch den Arbeitnehmer mit Begründung
  - Kündigung durch den Arbeitnehmer ohne Begründung
  - Kündigung durch den Arbeitnehmer bei Nichteinhaltung der Kündigungsfrist
  - Beendigung des Arbeitsverhältnisses durch Aufhebungsvertrag oder Vergleich
  - Betriebsbedingte Kündigung durch den Arbeitgeber
  - Andere Formen der Kündigung durch den Arbeitgeber
  - Fristlose Kündigung durch den Arbeitgeber
  - Beendigung des Arbeitsverhältnisses durch Vertragsablauf
- Dankes-Bedauern-Formel
- Zukunftswünsche

Im Anhang wird das Zwischenzeugnis in allen wichtigen Aspekten für die oben aufgeführten drei Zielgruppen behandelt.

Mit diesem ausführlichen Zeugnisformulierungskatalog können Sie ein vorliegendes Zeugnis besser einordnen und interpretieren. Er dient aber auch und vor allem als Hilfe bei der Formulierung eines eigenen Zeugnisentwurfes, wobei betont werden muss, dass die einzelnen Bausteine nicht schematisch aneinander gereiht werden dürfen, sondern im Rahmen einer Gesamtzeugniskonzeption moderat und stilistisch geglückt miteinander verbunden werden müssen, angereichert durch individuelle Erweiterungen bzw. Ergänzungen.

Selbstverständlich sind die Formulierungsbeispiele unter einem Oberthema alternativ zu verstehen, d.h., es ist jeweils nur ein Beispiel zu dem behandelten Thema für den Zeugnisentwurf auszuwählen.

Falls passend, können jedoch Formulierungen aus den unterschiedlichen Zielgruppen 1–3 kombiniert werden.

Sehr gute und noch gute Beurteilungsbeispiele sind ausführlicher berücksichtigt als knapp befriedigende, kaum ausreichende oder gar mangelhafte.

Damit wollen wir der Tatsache Rechnung tragen, dass auf dem Arbeitsmarkt vor allem gute Zeugnisse die Bewerbungschancen verbessern. Befriedigende oder gar schlechtere Benotungen verderben die Chancen. Sehr gute Zeugnisbeurteilungen haben häufig einen Beigeschmack des Übertriebenen, »Geschönten«. Es mag paradox klingen, aber so gesehen sind gute Zeugnisse – weil weniger verdächtig – besser als sehr gute.

Um auf diese Problematik deutlicher hinzuweisen, haben wir ab der »guten« Kategorie die Benotungsstufen pointierter formuliert (»noch gut«, »knapp befriedigend«, »kaum noch ausreichend«).

Die für den Laien nicht immer einsichtige Zuordnung bestimmter Formulierungen zu einzelnen Benotungsstufen orientiert sich an der gängigen Praxis unter Berücksichtigung von Rechtsprechung und Fachliteratur sowie an zahlreichen in unserem *Büro für Berufsstrategie* analysierten Arbeitszeugnissen.

Bei etwa 80 % der Arbeitszeugnisse wird das Präteritum (Vergangenheitsform) verwendet, lediglich bei Zwischenzeugnissen und zur Beschreibung von zeitkonstanten Leistungs- und Verhaltensmerkmalen wird das Präsens (Gegenwartsform) eingesetzt.

Textbausteine für gewerbliche Arbeitnehmer

Einleitung

- Herr/Frau (Vorname, Name), geboren am . . . in . . . , war vom . . . in unserer Abteilung (Bezeichnung) als . . . (Berufsbezeichnung) tätig.
- Herr/Frau (Vorname, Name), geboren am . . . in . . . , trat am . . . als . . . (Berufsbezeichnung) in unser Unternehmen ein.
- XY, geboren am . . . , wurde am . . . als . . . eingestellt.
- XY war vom . . . bis zum . . . bei uns im Rahmen eines befristeten Arbeitsverhältnisses als . . . beschäftigt.

Positions-, Aufgaben- und Tätigkeitsbeschreibung

- XY arbeitete in der Produktionsabteilung . . . vorwiegend in dem Bereich . . . Zu seinen Aufgaben gehörte . . .
- XY war in unserem Unternehmen mit unterschiedlichen Aufgaben betraut. Dazu zählten: . . . (Aufzählung nach Wichtigkeit).

- XYs Aufgabengebiet umfasste in der Hauptsache: . . . (Aufzählung).
- XY war zunächst in der Abteilung . . . als . . . tätig. Zu seinen Aufgaben gehörten . . . (Aufzählung). Ab dem . . . wurde XY aufgrund seiner guten Leistungen und einer erfolgreichen internen Bewerbung in der Abteilung . . . als . . . eingesetzt. Dort war XY in der Tarifgruppe . . . mit der selbständigen Bearbeitung folgender Aufgaben betraut: . . . (Aufzählung).

Leistungsbeurteilung

Arbeitsbereitschaft und -befähigung

Sehr gute Beurteilung der Arbeitsbereitschaft und -befähigung

- XY war stets sehr gut motiviert und verfügte über eine in jeder Hinsicht ausgezeichnete Arbeitsbefähigung.
- XY zeichnete sich durch eine sehr hohe Arbeitsmoral aus und war jederzeit bereit und fähig, zusätzliche und auch schwierige Arbeiten zu übernehmen.
- XY verfügte jederzeit über eine sehr hohe Arbeitsbereitschaft und vorbildliche Pflichtauffassung. Er war immer ein stark belastbarer und sehr ausdauernder Mitarbeiter.
- XY ist jederzeit in der Lage und bereit, vielschichtige und besonders schwierige Tätigkeiten auszuführen.
- XY ist sehr stark motiviert.

Noch gute Beurteilung der Arbeitsbereitschaft und -befähigung

- XY war stets gut motiviert und verfügt über eine in jeder Hinsicht gute Arbeitsbefähigung.
- XY zeichnete sich durch eine hohe Arbeitsmoral/ein hohes Pflichtbewusstsein aus und war bereit und fähig, zusätzliche und auch schwierige Arbeiten zu übernehmen.
- XY verfügte über eine hohe Arbeitsbereitschaft und vorbildliche Pflichtauffassung. Er war immer ein belastbarer und ausdauernder Mitarbeiter.
- Nachdem XY an einer Fortbildung über neue Produktionstechniken in der . . . teilgenommen hatte, konnte er die erworbenen Kenntnisse praxisgerecht umsetzen. Der Produktionsprozess wurde dadurch erheblich verbessert. Er/Sie gab seine/ihre Kenntnisse gezielt an seine/ihre Mitarbeiter weiter, die diese neuen Techniken erfolgreich in ihrer Arbeit anwenden konnten.

Knapp befriedigende Beurteilung der Arbeitsbereitschaft und -befähigung

- XY war gut motiviert und verfügt über eine gute Arbeitsbefähigung.
- XY zeichnete sich durch eine gute Arbeitsmoral aus und war bereit und in der Lage, zusätzliche Arbeiten zu übernehmen.
- XY verfügte über eine gute Arbeitsbereitschaft. Er war ein belastbarer und ausdauernder Mitarbeiter.
- XY ist fähig und bereit, auch andere, gleichartige Arbeitsaufgaben zu erfüllen.
- XY führte seine Arbeiten pflichtbewusst aus.

Kaum noch ausreichende Beurteilung der Arbeitsbereitschaft und -befähigung

- XY zeigte eine zufriedenstellende Arbeitsmotivation und -befähigung.
- Auf Anforderung war XY wiederholt bereit, zusätzliche Tätigkeiten zu übernehmen, wobei er sich dem üblichen Arbeitsumfang gewachsen zeigte.
- Die Erledigung der notwendigen Aufgaben bereitete XY keinerlei fachliche Schwierigkeiten.
- XY ist in der Lage, auf Anforderung gewisse andere, gleichartige Arbeitsaufgaben zu erfüllen.
- XY verfügt über gewisse Berufserfahrung im Bereich . . .

Mangelhafte Beurteilung der Arbeitsbereitschaft und -befähigung

- Die Arbeitsmotivation und -befähigung von XY war insgesamt zufriedenstellend.
- An XYs Arbeitsmoral und -befähigung war kaum etwas auszusetzen.
- XY verfügt über gewisse Berufserfahrungen.

Arbeitsweise

Sehr gute Beurteilung der Arbeitsweise

- XY arbeitete jederzeit absolut zuverlässig, zielstrebig und zügig. Hervorzuheben ist seine hervorragende Planung von Werkzeug- und Materialbedarf.
- XY arbeitete stets sehr effizient, routiniert und zielstrebig. Er dachte jederzeit mit, erledigte Arbeitsvorbereitungsmaßnahmen selbständig und plante seinen Werkzeug- und Materialbedarf sehr gut.
- XYs Umgang mit Betriebsmitteln und Materialien war stets und in jeder Hinsicht vorbildlich.
- XY arbeitet stets mit größter Zuverlässigkeit, Zielstrebigkeit und in hohem Arbeitstempo.
- XY arbeitet auch unter schwierigen Bedingungen und unter Zeitdruck immer äußerst zuverlässig.

Noch gute Beurteilung der Arbeitsweise

- XY arbeitete sehr zuverlässig, zielstrebig und zügig. Hervorzuheben ist seine gute Planung von Werkzeug- und Materialbedarf.
- XY arbeitete sehr effizient, routiniert und zielstrebig. Er dachte mit, erledigte Arbeitsvorbereitungsmaßnahmen selbständig und plante seinen Werkzeug- und Materialbedarf gut.
- XYs Umgang mit Betriebsmitteln und Materialien war stets vorbildlich.
- XY arbeitet sehr zuverlässig und zügig.
- Betriebsmittel und Materialien werden von XY stets sachgemäß und überlegt eingesetzt.
- XY hat das richtige Augenmaß für die Setzung von Prioritäten bei seinen Arbeitsaufgaben. Er führt sie sehr zügig und zuverlässig aus und hat Freude an der Arbeit.

Knapp befriedigende Beurteilung der Arbeitsweise

- XY arbeitete zuverlässig und zügig.
- XY arbeitete effizient und zielstrebig.
- XYs Umgang mit Betriebsmitteln und Materialien war überlegt und sachgemäß.
- XY setzt (Materialien) sachgemäß und überlegt ein.
- XYs sorgfältiger Arbeitsstil stellte uns stets zufrieden.

Kaum noch ausreichende Beurteilung der Arbeitsweise

- XY arbeitete ausreichend zuverlässig und zügig.
- XYs Arbeit konnte als ausreichend effizient und zielstrebig bezeichnet werden.
- XYs Umgang mit Betriebsmitteln und Materialien war akzeptabel.
- XY arbeitet stets mit ausreichender Sorgfalt.
- XY setzt (Materialien) überlegt ein.
- XY führt seine Arbeiten sorgfältig aus.

  (Hier fehlt der Hinweis auf die Effizienz.)

Mangelhafte Beurteilung der Arbeitsweise

- XY arbeitete im Allgemeinen zuverlässig und zügig.
- XY arbeitete in der Regel effizient und zielstrebig.
- XYs Umgang mit Betriebsmitteln und Materialien war im Allgemeinen akzeptabel.

- XY arbeitet im Allgemeinen zügig und zuverlässig.
- XY setzt (Materialien) im Allgemeinen überlegt ein.
- XY beachtet im Allgemeinen die Arbeitssicherheitsvorschriften.

Arbeitserfolg (Arbeitsmenge, -tempo und -qualität)

Sehr gute Beurteilung des Arbeitserfolges

- XYs Arbeitsergebnisse waren – auch bei wechselnden Anforderungen und in sehr schwierigen Fällen – stets von sehr guter Qualität. Arbeitsmenge und -tempo lagen jederzeit sehr weit über unseren Erwartungen/Anforderungen.
- XYs Arbeitsqualität übertraf immer weit die Anforderungen, die an einen qualifizierten Facharbeiter gestellt werden können. Dasselbe galt für Arbeitsmenge und -tempo.
- Die Qualität der Arbeit von XY lag immer sehr weit über dem durchschnittlichen Standard seines Teams. Seine Arbeitsproduktivität war stets enorm hoch.
- XYs Werkstücke sind stets von sehr guter Qualität.
- Die Qualität seiner Arbeit ist immer sehr hoch.
- XYs Arbeitsergebnisse erfüllen auch bei wechselnden Anforderungen stets eine sehr gute Qualität.
- XYs Arbeitsmenge und -tempo liegen stets sehr weit über den vorgegebenen Normen.
- XY unterschreitet die Vorgabezeit immer erheblich und erhält stets Sonderprämien für vorbildliche Arbeitsleistungen.

Noch gute Beurteilung des Arbeitserfolges

- XYs Arbeitsergebnisse waren – auch bei wechselnden Anforderungen und in schwierigen Fällen – stets von guter Qualität. Arbeitsmenge und -tempo lagen immer über unseren Anforderungen/Erwartungen.
- XYs Arbeitsqualität übertraf weit die Anforderungen, die an einen qualifizierten Facharbeiter gestellt werden können. Dies gilt auch für seine Arbeitsproduktivität.
- Die Qualität der Arbeit von XY lag stets deutlich über dem durchschnittlichen Standard seines Teams, ebenso wie Arbeitsmenge und -tempo.
- XYs Arbeitsergebnisse sind auch bei wechselnden Anforderungen stets qualitativ gut.
- Seine Werkstücke sind immer von guter Qualität.
- Arbeitsmenge und Arbeitstempo sind stets überdurchschnittlich.
- XY ist sehr intensiv bei der Arbeit. Die von ihm bewältigte Arbeitsmenge ist überdurchschnittlich.

Knapp befriedigende Beurteilung des Arbeitserfolges

- XYs Arbeitsergebnisse waren von guter Qualität und lagen – was Arbeitsmenge und -tempo anbetrifft – über unseren Erwartungen.
- XYs Arbeitsqualität erfüllte voll die Anforderungen, die an einen qualifizierten Facharbeiter gestellt werden können. Dies trifft auch auf Arbeitsmenge und -tempo voll zu.
- Die Qualität seiner Arbeit entsprach stets voll dem durchschnittlichen Standard seines Teams. Arbeitsmenge und -tempo waren gut.
- XYs Arbeitsergebnisse sind qualitativ gut.
- Die Qualität seiner Arbeitsergebnisse ist stets zufriedenstellend.
- Die von XY bewältigte Arbeitsmenge und sein Arbeitstempo liegen über unseren Erwartungen.
- XY arbeitet stets intensiv.
- XY arbeitet stets gleichmäßig.

Kaum noch ausreichende Beurteilung des Arbeitserfolges

- XYs Arbeitsergebnisse entsprachen der erforderlichen Mindestqualität. Arbeitsmenge und -tempo entsprachen unseren Erwartungen.
- XYs Arbeitsqualität entsprach den Anforderungen, die unverzichtbar gestellt werden müssen, auch hinsichtlich Arbeitsmenge und -tempo.
- Die Qualität seiner Arbeit entsprach fast immer dem durchschnittlichen Standard seines Teams. Auch Arbeitsmenge und -tempo waren nicht zu beanstanden.
- XYs Arbeitsergebnisse entsprechen dem gesetzten Standard.
- XYs bewältigte Arbeitsmenge und das Arbeitstempo entsprechen der Erwartung.
- XY arbeitet gleichmäßig.

Mangelhafte Beurteilung des Arbeitserfolges

- XYs Arbeitsergebnisse entsprachen im Allgemeinen der erforderlichen Mindestqualität. Dies trifft auch für die Arbeitsmenge und das -tempo zu.
- XYs Arbeitsqualität entsprach meistens den Anforderungen, die gestellt werden müssen. (Weglassen von Arbeitsmenge und -tempo ist auch ein negativer Hinweis.)
- Die Qualität seiner Arbeit erreichte wiederholt den durchschnittlichen Standard seines Teams. Die Arbeitsproduktivität war insgesamt zufriedenstellend.
- XYs Arbeitsergebnisse entsprechen im Allgemeinen der erforderlichen Qualität.

- XY arbeitet im Allgemeinen gleichmäßig.
- Arbeitsmenge und Arbeitstempo genügen in der Regel unseren Erwartungen.

Besondere Arbeitserfolge

- XY bestand die Ausbildereignungsprüfung und hat erfolgreich bei der Ausbildung mitgewirkt.
- XY setzte seine sehr guten Fachkenntnisse erfolgreich in der Berufsausbildung unserer Auszubildenden ein, bei denen er sehr beliebt ist.
- XY übernahm erfolgreich die Abwesenheitsvertretung unseres . . . für den Bereich . . .

Zusammenfassende Beurteilung der Leistung (Zufriedenheitsaussage)

Sehr gute Gesamtbeurteilung der Leistung

- Die XY übertragenen Arbeiten erledigte er stets zu unserer vollsten Zufriedenheit.
- Seine Leistungen waren stets sehr gut.
- XYs Leistungen fanden stets in jeder Hinsicht unsere ausnahmslose Anerkennung.

Noch gute Gesamtbeurteilung der Leistung

- Die XY übertragenen Arbeiten erledigte er stets zu unserer vollen Zufriedenheit.
- Seine Leistungen waren sehr gut.
- Seine Leistungen waren stets gut.

Knapp befriedigende Gesamtbeurteilung der Leistung

- Die XY übertragenen Arbeiten erledigte er zu unserer vollen Zufriedenheit.
- Seine Leistungen waren gut/stets befriedigend.
- Sein Fleiß und seine Leistungen waren stets befriedigend.

Kaum noch ausreichende Gesamtbeurteilung der Leistung

- Die XY übertragenen Arbeiten erledigte er zu unserer Zufriedenheit.
- Seine Leistungen waren befriedigend.
- Sein Fleiß und seine Leistungen waren im Allgemeinen gut.

Mangelhafte Gesamtbeurteilung der Leistung

- XY führte die ihm übertragenen Aufgaben mit großem Fleiß und Interesse durch.
- XY führte die ihm übertragenen Aufgaben im Allgemeinen zu unserer Zufriedenheit aus.
- XY hat unseren Erwartungen im Großen und Ganzen entsprochen, so dass wir mit seiner Arbeit insgesamt zufrieden waren.
- XY, so können wir bestätigen, war wirklich mit Interesse bei der Sache.

Verhaltensbeurteilung

Verhalten gegenüber Vorgesetzten, Kollegen und Dritten

Sehr gute Beurteilung des Verhaltens

- XYs Verhalten gegenüber Vorgesetzten und Kollegen war stets einwandfrei/vorbildlich/mustergültig/lobenswert/sehr gut.
- XY wurde von Vorgesetzten und Kollegen als fleißiger und freundlicher Mitarbeiter sehr geschätzt.
- XY war wegen seines freundlichen und kollegialen Umgangs bei Vorgesetzten und Kollegen gleichermaßen sehr beliebt.
- XYs Verbindlichkeit wurde von Vorgesetzten und allen Kollegen sehr geschätzt.

Noch gute Beurteilung des Verhaltens

- XYs Verhalten zu Vorgesetzten und Kollegen war einwandfrei/vorbildlich/mustergültig/lobenswert/sehr gut.
- Sein kollegiales Wesen machte ihn bei Vorgesetzten und Kollegen beliebt.
- XY wurde von Vorgesetzten und Kollegen als fleißiger und freundlicher Mitarbeiter geschätzt.
- XY war wegen seines freundlichen und kollegialen Umgangs bei Vorgesetzten und Kollegen gleichermaßen geschätzt.
- XYs Verbindlichkeit wurde von Vorgesetzten und allen Kollegen geschätzt.

Knapp befriedigende Beurteilung des Verhaltens
(Wird vor allem dadurch deutlich, dass der Vorgesetzte an zweiter Stelle genannt wird.)

- XYs Verhalten Kollegen und Vorgesetzten gegenüber war einwandfrei/vorbildlich.
- XY fügte sich gut in die Betriebsgemeinschaft ein; sein Verhalten gegenüber Vorgesetzten und Kollegen gab zu keinerlei Beanstandungen Anlass/war stets spannungsfrei.

Kaum noch ausreichende Beurteilung des Verhaltens
(Wird deutlich, wenn Vorgesetzte oder Kollegen nicht erwähnt werden.)

- XYs Verhalten gegenüber Kollegen (alternativ: zu Vorgesetzten) war vorbildlich/einwandfrei.
- XYs Verhalten gegenüber Kollegen und auch Vorgesetzten war zufriedenstellend.
- In seinem Verhalten war XY korrekt.

Mangelhafte Beurteilung des Verhaltens
(Wird auch durch fehlende Aussage zum Verhalten ausgedrückt.)

- XYs persönliches Verhalten war insgesamt einwandfrei/tadellos.
- Die Zusammenarbeit mit den Arbeitskollegen verlief meist reibungslos.
- XYs Führung in der Dienstzeit gab nur gelegentlich zu Beanstandungen Anlass.

Verhalten gegenüber Dritten
(bei Berufen, die mit Kunden, Publikum usw. zu tun haben)

Sehr gute Beurteilung des Verhaltens

- XY kam mit unseren Kunden stets sehr gut zurecht.
- XY wurde wegen seines Engagements und seiner Zuvorkommenheit von unseren Besuchern/Mandanten stets sehr geschätzt.

Noch gute Beurteilung des Verhaltens

- XY ist als . . . mit unseren Kunden stets gut zurechtgekommen.
- Aufgrund seiner freundlichen und unkomplizierten Wesensart ist/war XY bei unseren Kunden sehr beliebt und geschätzt.

Knapp befriedigende Beurteilung des Verhaltens

- Von Besuchern/Mandanten und Anrufern wurde XY wegen seiner Zuvorkommenheit geschätzt.

Kaum noch ausreichende Beurteilung des Verhaltens

- XY ist als . . . mit unseren Kunden zurechtgekommen.
- Besucher, Anrufer (und . . ./sonstige Personengruppen) haben sich zufriedenstellend über XY geäußert.

Mangelhafte Beurteilung des Verhaltens

- XY ist als . . . mit unseren Kunden insgesamt zurechtgekommen.
- XY strebte stets ein gutes Verhältnis zu unseren Kunden an.

Weitere persönliche und soziale Verhaltensaspekte
(Diese Beurteilungskategorie wird in vielen Zeugnissen weggelassen. Ein Fehlen darf deshalb nicht Anlass für negative Rückschlüsse sein.)

Sehr gute Beurteilung des Verhaltens

- XY fügte sich immer sehr gut in wechselnde Arbeitsteams ein.
- XY war stets bereit, seine Kollegen mit seinem sehr guten Fachwissen in schwierigen Fällen zu unterstützen.
- Für unsere Auszubildenden war XY immer ein kenntnisreicher Betreuer, der diesen stets mit Rat und Tat zur Seite stand.

Noch gute Beurteilung des Verhaltens

- XY fügte sich immer gut in wechselnde Arbeitsteams ein.
- XY half gern seinen Kollegen in schwierigen Fällen mit seinem sehr guten Fachwissen aus.

Knapp befriedigende Beurteilung des Verhaltens

- XY fügte sich gut in wechselnde Arbeitsteams ein.
- XY unterstützte seine Kollegen stets bereitwillig.
- Mit XYs Umgangsformen waren wir voll zufrieden.

Kaum noch ausreichende Beurteilung des Verhaltens

- XY fügte sich zu unserer Zufriedenheit in wechselnde Arbeitsteams ein.
- XYs Umgangsformen waren zufriedenstellend.

Mangelhafte Beurteilung des Verhaltens

- XY fügte sich im Großen und Ganzen zufriedenstellend in wechselnde Arbeitsteams ein.
- XY war stets bestrebt, seine Kollegen beim Schichtwechsel pünktlich abzulösen.

Weiter geht es mit dem Abschnitt Zeugnisabschluss (s.S. 119).

Textbausteine für Angestellte

Einleitung

- Herr/Frau (Vorname, Name), geboren am . . . in . . . , war vom . . . in unserer Abteilung (Bezeichnung) als . . . (Berufsbezeichnung) tätig.
- Herr/Frau (Vorname, Name), geboren am . . . in . . . , trat am . . . als . . . (Berufsbezeichnung) in unser Unternehmen ein.
- XY, geboren am . . . , wurde am . . . als . . . eingestellt.
- XY war vom . . . bis zum . . . bei uns im Rahmen eines befristeten Arbeitsverhältnisses als . . . beschäftigt.

Positions-, Aufgaben- und Tätigkeitsbeschreibung

- XY arbeitete in der Abteilung . . . vorwiegend in dem Bereich . . . Zu seinen Aufgaben gehörte . . .
- XY war in unserem Unternehmen im Bereich . . . mit unterschiedlichen Aufgaben betraut. Dazu zählten: . . . (Aufzählung nach Wichtigkeit).
- XYs Aufgabengebiet umfasste in der Hauptsache: . . . (Aufzählung).
- Nach erfolgreicher Einarbeitung übernahm XY das Verkaufsgebiet   zur umsatzverantwortlichen Bearbeitung. Sein Aufgabengebiet umfasste . . . Außerdem wirkte er bei den Projekten . . . mit.
- XY war zunächst in der Abteilung . . . als . . . tätig. Zu seinen Aufgaben gehörten . . . (Aufzählung). Ab dem . . . wurde XY aufgrund seiner guten Leistungen und einer erfolgreichen internen Bewerbung in der Abteilung . . . als . . . eingesetzt. Dort war XY in der Tarifgruppe . . . mit der selbständigen Bearbeitung folgender Aufgaben betraut: . . . (Aufzählung).
- XY war im Bereich . . . für . . . tätig. Er besaß Handlungsvollmacht nach § 54 HGB. Seine Aufgabenschwerpunkte lagen in der selbständigen Bearbeitung von . . . (Aufzählung).

Leistungsbeurteilung

Arbeitsbereitschaft

Sehr gute Beurteilung der Arbeitsbereitschaft

- XY zeigte stets außerordentliche Initiative, großen Fleiß und Eifer.
- XY war stets hochmotiviert.
- XY hat sich mit großem Engagement und Erfolg in das neue Arbeitsgebiet eingearbeitet.
- Schon nach sehr kurzer Einarbeitungszeit arbeitete XY vollkommen selbständig.
- XY war stets ein engagiert arbeitender und fleißiger Mitarbeiter, der aufgrund seines hohen persönlichen Einsatzes einen bedeutenden Beitrag zum Aufbau unseres/des . . . geleistet hat.

Noch gute Beurteilung der Arbeitsbereitschaft

- XY zeigte stets Initiative, Fleiß und Eifer.
- XY war stark motiviert und verfolgte beharrlich die gesetzten Ziele.
- XYs Arbeitsbereitschaft war stets gut.
- Schon nach einer kurzen Einarbeitungszeit arbeitete XY vollkommen selbständig.
- XY erfüllt seine Aufgaben mit ausdauerndem Engagement und äußerster Konzentration.

Knapp befriedigende Beurteilung der Arbeitsbereitschaft

- XY zeigte Initiative, Fleiß und Eifer.
- XY war ein motivierter Mitarbeiter, der die ihm gesetzten Ziele verfolgte.
- XYs Arbeitsmotivation/-bereitschaft/Dienstauffassung war gut.
- XY hat mit hohem Einsatz einen guten Beitrag zum gemeinsamen Firmenerfolg geleistet.
- XY hat sich mit Interesse in sein neues Arbeitsgebiet eingearbeitet. Nach der üblichen Einarbeitungszeit arbeitete er selbständig.

Kaum noch ausreichende Beurteilung der Arbeitsbereitschaft

- XY zeigte Eifer und Fleiß in ausreichendem Maße.
- XY war ausreichend motiviert.
- XY erfüllte seine Aufgaben erwartungsentsprechend.
- XY verfügte über eine ausreichende Arbeitsmotivation/-bereitschaft/-auffassung/Dienstauffassung.

Mangelhafte Beurteilung der Arbeitsbereitschaft

- XY zeigte bei Anleitung Eifer und Fleiß.
- XY war im Allgemeinen motiviert.
- XY erfüllt seine Aufgaben im Allgemeinen erwartungsentsprechend.
- XYs Arbeitsauffassung entsprach im Großen und Ganzen den Erwartungen.

Arbeitsbefähigung

Sehr gute Beurteilung der Arbeitsbefähigung

- XY bewältigte neue Arbeitssituationen stets sehr gut und sicher.
- XY stellte an sich selbst sehr hohe fachliche Anforderungen, die er jederzeit voll erfüllte.
- XY war ein ausdauernder und außerordentlich belastbarer Mitarbeiter, der auch unter schwierigen Arbeitsbedingungen alle Aufgaben stets sehr gut bewältigte.
- XY verfügt über sehr große Berufserfahrung und beherrscht seinen Arbeitsbereich in jeder Weise umfassend, sicher und vollkommen.
- XY arbeitete stets sicher und selbständig.
- XY hat oft neue praktikable Ideen, die er erfolgreich in seine Arbeit integriert.
- XY verfügt über ein umfassendes und detailliertes Fachwissen.
- XY verfügt über/hat sehr gute, fundierte Kenntnisse, die er erfolgreich einsetzt.

Noch gute Beurteilung der Arbeitsbefähigung

- XY bewältigte neue Arbeitssituationen stets gut.
- XY stellte an sich selbst hohe Fachanforderungen, die er jederzeit voll erfüllte.
- XY war ein ausdauernder und belastbarer Mitarbeiter, der auch unter schwierigen Arbeitsbedingungen alle Aufgaben stets gut bewältigte.
- XY hat eine umfassende Berufserfahrung und beherrscht seinen Arbeitsbereich überdurchschnittlich.
- XY arbeitet sicher und selbständig und findet sich in neuen Situationen gut zurecht.
- XY setzt seine guten und fundierten Fachkenntnisse sehr erfolgreich ein.
- Aufgrund der soliden Fachkenntnisse erzielte XY überdurchschnittliche Erfolge.

Knapp befriedigende Beurteilung der Arbeitsbefähigung

- XY bewältigte neue Arbeitssituationen erfolgreich.
- XY stellte an sich selbst hohe Fachanforderungen, die er erfüllte.
- XY war ein belastbarer Mitarbeiter, der auch unter schwierigen Arbeitsbedingungen Aufgaben gut bewältigte.
- XY beherrscht sein Arbeitsgebiet umfassend.
- XY verfügt über gute Berufserfahrungen.
- XY verfügt über fundierte Fachkenntnisse auf seinem Gebiet.

Kaum noch ausreichende Beurteilung der Arbeitsbefähigung

- XY passte sich neuen Arbeitssituationen an.
- XY wurde den fachlichen Anforderungen gerecht.
- XY kann sich neuen Situationen anpassen und beherrscht seinen Arbeitsbereich entsprechend den Anforderungen.
- XY verfügt über erforderliche Fähigkeiten und wurde den Anforderungen des Arbeitsplatzes gerecht.
- XY hat ein solides Grundwissen in den Bereichen . . .

Mangelhafte Beurteilung der Arbeitsbefähigung

- XY passte sich neuen Arbeitssituationen meist ohne Schwierigkeiten an.
- XY kannte die fachlichen Anforderungen seines Arbeitsplatzes.
- XY beherrscht den Arbeitsbereich im Allgemeinen den Anforderungen entsprechend.
- XY zeigte sich den verschiedenen Belastungen seiner Aufgaben gewachsen und hielt auch unter Termindruck durch.
- XY bewältigt neue Arbeitsprobleme meist ohne Schwierigkeiten.
- XY hatte Gelegenheit, sich in firmeninternen Schulungen Grundkenntnisse anzueignen.

Arbeitsweise

Sehr gute Beurteilung der Arbeitsweise

- XY erledigte seine Aufgaben stets selbständig mit äußerster Sorgfalt und größter Genauigkeit.
- XY arbeitete stets sehr zielstrebig, umsichtig und termingerecht.
- XYs Arbeitsweise ist geprägt durch hohe Zielorientierung und Systematik sowie ausgezeichnetes Verantwortungs- und Kostenbewusstsein.
- XY zeichnete sich bei der Erledigung aller Aufgaben durch Gewissenhaftigkeit, Genauigkeit und Umsicht aus. Auch in schwierigen Situationen kann man sich sehr gut auf ihn verlassen.
- XY war ein äußerst pflichtbewusster, zuverlässiger und verschwiegener Mitarbeiter, der stets sehr konzentriert und zielgerichtet arbeitete.

Noch gute Beurteilung der Arbeitsweise

- XY erledigte seine Aufgaben stets selbständig mit großer Sorgfalt und Genauigkeit.
- Wir lernten XY als einen engagierten, aufgeschlossenen Mitarbeiter kennen, der seine Tätigkeiten mit vollem Einsatz erfolgreich ausführte.
- XY ist ein engagierter und fleißiger Mitarbeiter, der sich schnell in seine neuen Arbeitsaufgaben einarbeitet und dem Betrieb auf seinem Gebiet wichtige Impulse gegeben hat.
- XY zeichnete sich bei der Erledigung seiner Aufgaben durch Gewissenhaftigkeit, Genauigkeit und Umsicht aus. Auch in schwierigen Situationen kann man sich gut auf ihn verlassen.

Knapp befriedigende Beurteilung der Arbeitsweise

- XY erledigte seine Aufgaben stets sorgfältig und genau.
- Bei der Arbeitsdurchführung war XY jederzeit zügig und termingerecht.
- Wir lernten XY als einen verantwortungsbewussten, durchaus selbständig arbeitenden Mitarbeiter kennen, der die ihm zugeteilten Aufgaben und Arbeiten systematisch ausführte.
- XY arbeitete sicher und selbständig.

Kaum noch ausreichende Beurteilung der Arbeitsweise

- XY erledigte seine Arbeit mit Sorgfalt und Genauigkeit.
- XY erledigte seine Aufgaben termingerecht, korrekt und zufriedenstellend.
- Wir lernten XY als sorgfältigen und genauen Mitarbeiter kennen.
- XY zeigte keinerlei Unsicherheiten bei der Ausführung seiner Arbeitsaufgaben.

Mangelhafte Beurteilung der Arbeitsweise

- XY erledigte im Allgemeinen die ihm übertragenen Aufgaben sorgfältig und genau.
- XY erledigte die ihm aufgetragenen Arbeiten mit der ihm eigenen Sorgfalt.
- XY war stets um eine sorgfältige Arbeitsweise bemüht.
- XY führte alle ihm übertragenen Routineaufgaben nach Vorgaben selbständig aus.

Arbeitserfolg (Arbeitsmenge, -tempo und -qualität)

Sehr gute Beurteilung des Arbeitserfolges

- XY beeindruckte uns stets durch eine sehr gute Arbeitsqualität, wobei er die selbst gesetzten und vereinbarten Ziele auch unter schwierigsten Bedingungen stets erreichte, meist sogar noch übertroffen hat.
- XY war immer ein zuverlässiger, leistungsfähiger Mitarbeiter, der seine umfangreichen Arbeitsaufgaben folgerichtig, zügig und stets sehr gut erledigte.
- XY findet stets hervorragende Problemlösungen, die er auch erfolgreich umsetzt.
- XYs Arbeitsqualität ist stets weit überdurchschnittlich.
- Engagement und Arbeitsergebnisse von XY sind stets außergewöhnlich.

Noch gute Beurteilung des Arbeitserfolges

- XYs Arbeitsqualität war stets gut, wobei die vereinbarten Ziele von ihm auch unter schwierigen Bedingungen stets erreicht, oft auch übertroffen wurden.
- XY war ein zuverlässiger, leistungsfähiger Mitarbeiter, der seine umfangreichen Arbeitsaufgaben folgerichtig, zügig und sehr gut erledigte.
- Die von XY gefundenen Lösungen und Umsetzungen sind sehr gut.
- XY ist ein leistungsfähiger, zuverlässiger Mitarbeiter, der seine Aufgaben stets gut erledigt.
- XY zeigt stets eine überdurchschnittliche Arbeitsqualität.

Knapp befriedigende Beurteilung des Arbeitserfolges

- XYs Arbeitsqualität war gut, wobei er die vereinbarten Ziele erreichte.
- XY war ein zuverlässiger Mitarbeiter, der seine umfangreichen Arbeitsaufgaben folgerichtig, zügig und gut erledigte.
- XY findet und realisiert gute, kostengünstige Lösungen.

- XY arbeitet sorgfältig und genau.
- Die Arbeitsqualität von XY ist überdurchschnittlich.

Kaum noch ausreichende Beurteilung des Arbeitserfolges

- XYs Arbeitsqualität entsprach den Anforderungen, wobei vorgegebene Ziele in zufriedenstellendem Maße erreicht wurden.
- XY war ein Mitarbeiter, der seine Arbeitsaufgaben folgerichtig erledigte.
- XYs Arbeitsqualität ist zufriedenstellend.
- XYs Arbeitsqualität entspricht den gestellten Erwartungen.
- XY arbeitet sorgfältig und genau.

Mangelhafte Beurteilung des Arbeitserfolges

- XYs Arbeitsqualität entsprach im Allgemeinen den Anforderungen/Erwartungen, wobei er stets mit Nachdruck daran arbeitete, die vorgegebenen Ziele zu erreichen.
- XY war als Mitarbeiter bemüht, seine Arbeitsaufgaben im Allgemeinen folgerichtig auszuführen.
- XY arbeitete entsprechend unseren allgemeinen Erwartungen.
- XY zeigt im Großen und Ganzen ein zufriedenstellendes Arbeitsergebnis.
- XY bemüht sich im Allgemeinen um sorgfältige, genaue Arbeit.

Besondere Arbeitserfolge

In diesem Abschnitt bestehen individuelle inhaltliche Gestaltungsmöglichkeiten. Schwerpunktthemen können in den Bereichen Vertrieb, Marketing und Außendienstaktivitäten liegen, aber auch in der Reorganisation, der Projektarbeit sowie bei Verbesserungsvorschlägen. Weitere besondere Arbeitserfolge sind z.B. aus der Erweiterung von Kompetenzen bzw. der Beförderung abzuleiten.

- XY erreichte trotz schwieriger Wirtschaftslage eine sehr hohe Umsatz- und Gewinnsteigerung. Damit gehörte er zu unseren besten Verkäufern.
- XY erledigte vertrauliche geschäftliche Sonderaufgaben selbständig und zügig stets zu unserer vollsten Zufriedenheit.
- Hervorzuheben sind XYs schnelle Auffassungsgabe, die sehr selbständige Arbeitsweise sowie ein überdurchschnittlicher Arbeitseinsatz, mit dem es XY gelang, schwierige Projektierungsaufgaben stets fristgerecht und erfolgreich zu beenden.

Fachwissen/Weiterbildungsmotivation

Sehr gute Beurteilung von Fachwissen/Weiterbildungsmotivation

- XY verfügt über eine sehr breite und beachtliche Berufserfahrung und beherrscht seinen Arbeitsbereich stets umfassend, souverän und vollkommen.
- XY ist sehr lernmotiviert und hat sich in eigener Initiative neben seinem Beruf mit hohem zeitlichen Engagement und sehr gutem Ergebnis bei . . . weitergebildet.
- XY besitzt ein umfassendes, detailliertes und aktuelles Fachwissen im Bereich . . . und wendet die vorhandenen Methoden/Instrumente und Techniken jederzeit sehr wirksam in seiner Berufspraxis an.

Noch gute Beurteilung von Fachwissen/Weiterbildungsmotivation

- XY verfügt über eine breite Berufserfahrung und beherrscht seinen Arbeitsbereich umfassend und überdurchschnittlich.
- XY ist lernmotiviert und hat sich in eigener Initiative neben seinem Beruf mit hohem zeitlichen Engagement und gutem Ergebnis bei . . . weitergebildet.
- XY besitzt ein umfassendes, detailliertes und aktuelles Fachwissen im Bereich . . . und wendet die vorhandenen Methoden/Instrumente und Techniken jederzeit wirksam in seiner Berufspraxis an.

Knapp befriedigende Beurteilung von Fachwissen/Weiterbildungsmotivation

- XY beherrschte seinen Arbeitsbereich umfassend.
- XY war lernmotiviert und hat sich neben seinem Beruf bei . . . weitergebildet.
- XY besitzt Fachwissen im Bereich . . . und kann die vorhandenen Methoden/Instrumente und Techniken wirksam in seiner Berufspraxis anwenden.
- XY ist mit der modernen . . . (z.B. Textverarbeitung) vertraut.
- XY beherrscht die verkäuferischen Argumentationstechniken voll zufriedenstellend.
- XY besitzt ein umfassendes, detailliertes und aktuelles Fachwissen im Bereich . . . und wendet die vorhandenen Methoden/Instrumente und Techniken wirksam in seiner Berufspraxis an.

Kaum noch ausreichende Beurteilung von Fachwissen/Weiterbildungsmotivation

- XY beherrschte seinen Arbeitsbereich entsprechend den Anforderungen.
- XY verfügt über Kenntnisse der . . .
- XY hatte mit der Bearbeitung der Arbeitsaufgaben, die wir ihm übertrugen, aufgrund seiner Kenntnisse weder Probleme noch Schwierigkeiten.
- XY nutzte jede sich bietende Gelegenheit, um sich in externen Weiterbildungsveranstaltungen fortzubilden. (Stichwort: flüchtet vor Arbeit)

Mangelhafte Beurteilung von Fachwissen/Weiterbildungsmotivation

- XY beherrschte seinen Arbeitsbereich im Allgemeinen entsprechend den Anforderungen.
- XY war stets daran interessiert, seine ausbaufähigen Fach- und Grundkenntnisse in seinem Aufgabengebiet einzusetzen.
- XY war allem Neuen gegenüber sehr aufgeschlossen.

Zusammenfassende Beurteilung der Leistung (Zufriedenheitsaussage)

Sehr gute Gesamtbeurteilung der Leistungen

- XY erfüllte seine Aufgaben stets zu unserer vollsten Zufriedenheit und war uns damit ein sehr wertvoller Mitarbeiter.
- XYs Leistungen waren stets/immer/jederzeit sehr gut.
- Wir waren stets mit XYs Leistungen in jeder Hinsicht außerordentlich/höchst/äußerst/vorbehaltslos zufrieden. Er war ein sehr guter Mitarbeiter.
- Die ihm übertragenen Arbeiten erfüllte er stets zu unserer höchsten Zufriedenheit.
- XY hat als hochqualifizierte Fachkraft im Bereich . . . stets zu unserer vollsten Zufriedenheit gearbeitet.
- Seine Leistungen haben uns jederzeit und in jeder Hinsicht voll befriedigt und unsere ganze Anerkennung gefunden.

Noch gute Gesamtbeurteilung der Leistungen

- XY erfüllte seine Aufgaben zu unserer vollen Zufriedenheit. Er war für uns ein wertvoller Mitarbeiter.
- XY arbeitete selbständig, zuverlässig und stets zu unserer vollen Zufriedenheit.
- XY hat als hochqualifizierte Fachkraft im Bereich . . . stets zu unserer vollen Zufriedenheit gearbeitet.
- XYs Leistungen haben stets unsere volle Anerkennung gefunden. Damit gehörte er zu unseren guten Mitarbeitern.
- XY hat als hochqualifizierte Fachkraft im Bereich . . . stets zu unserer vollsten Zufriedenheit gearbeitet.
- Seine Leistungen haben unsere volle Anerkennung gefunden. XY gehörte stets zu unseren guten . . .

Knapp befriedigende Gesamtbeurteilung der Leistungen

- XYs Leistungen waren gut.
- XYs Leistungen sind voll befriedigend.
- Wir waren mit XYs Leistungen jederzeit zufrieden.
- XY hat als qualifizierte Fachkraft im Bereich . . . zu unserer vollen Zufriedenheit gearbeitet.

Kaum noch ausreichende Gesamtbeurteilung der Leistungen

- XYs Arbeiten waren befriedigend.
- XYs hat alle Arbeiten stets ordnungsgemäß erledigt.
- XYs Leistungen entsprachen unseren Erwartungen.
- XY hat die ihm übertragenen Arbeiten zu unserer Zufriedenheit erledigt.

Mangelhafte Gesamtbeurteilung der Leistungen

- XYs Leistungen haben unseren Erwartungen im Allgemeinen entsprochen.
- XY führte die ihm übertragenen Aufgaben mit großem Fleiß und Interesse durch.
- Insgesamt haben wir keine Bedenken, XYs Leistungen als zufriedenstellend zu bezeichnen.

Verhaltensbeurteilung

Verhalten gegenüber Vorgesetzten, Kollegen und Dritten

Sehr gute Beurteilung des Verhaltens

- XYs Verhalten gegenüber Vorgesetzten, Kollegen und Kunden (Klienten, Mandanten, Patienten etc.) war stets vorbildlich/einwandfrei. Er trug in starkem Maße zu einem harmonischen Betriebsklima bei.
- XYs Zusammenarbeit mit Vorgesetzten und Kollegen war stets sehr gut. Besonders hervorzuheben ist auch seine jederzeit sehr gute Zusammenarbeit mit unseren . . . , auf deren Anliegen er flexibel einging.
- XY war wegen seiner freundlichen und zuvorkommenden Art stets sehr geschätzt und beliebt bei seinen Vorgesetzten, Kollegen und . . . (z. B. Kunden).
- XY war wegen seiner stets verbindlichen, kooperativen und hilfsbereiten Art seinen Vorgesetzten eine äußerst wertvolle Unterstützung und bei den Kollegen immer/jederzeit sehr geschätzt. Auch sein Verhalten gegenüber . . . (z. B. Klienten) war vorbildlich. Im Umgang mit anspruchsvollen und schwierigen . . . bewies er jederzeit Gewandtheit und hervorragendes diplomatisches Geschick.
- XY ist ein verantwortungsbewusster und zuverlässiger Mitarbeiter, der zu seinen Vorgesetzten, Kollegen und . . . stets ein sehr gutes Verhältnis hatte.

Noch gute Beurteilung des Verhaltens

- XYs Verhalten gegenüber Vorgesetzten, Kollegen und . . . war einwandfrei/vorbildlich. Er trug wesentlich zu einem harmonischen Arbeitsklima bei.

- XYs Zusammenarbeit mit Vorgesetzten und Kollegen war stets gut. Besonders hervorzuheben ist auch seine jederzeit gute Zusammenarbeit mit unseren . . ., auf deren Anliegen er flexibel einging.
- XY wurde in seiner Arbeitsgruppe geschätzt, wobei sein Verhalten gegenüber Vorgesetzten, Kollegen und . . . vorbildlich war.
- Aufgrund seiner kooperativen Haltung war XY stets bei Vorgesetzten, Kollegen und . . . anerkannt und beliebt.

Knapp befriedigende Beurteilung des Verhaltens
(Durch eine Umstellung der Reihenfolge in den Personengruppen Vorgesetzte, Kollegen usw. wird Kritik am Verhalten zum Ausdruck gebracht, ebenso auch durch die so genannte Negationstechnik, wie z. B. mit der Formulierung »kein Anlass zur Beanstandung/Klage/Tadel« etc.)

- XYs Zusammenarbeit mit Vorgesetzten und Kollegen war gut. Hervorzuheben ist auch seine gute Zusammenarbeit mit unseren . . .
- XYs Verhalten gegenüber Kollegen, Vorgesetzten und . . . war gut/vorbildlich/einwandfrei.
- XYs Zusammenarbeit mit Kollegen und Vorgesetzten ist als gut/verbindlich/korrekt zu bezeichnen.
- XYs Führung war jederzeit tadellos/ohne Beanstandung.
- XY ist ein angenehmer Mitarbeiter gewesen, der sich im Kollegenkreis und bei Vorgesetzten allgemeiner Beliebtheit erfreute.

Kaum noch ausreichende Beurteilung des Verhaltens
(Wird deutlich, wenn Vorgesetzte oder Kollegen nicht erwähnt werden – so genannte Leerstellen-Technik.)

- XYs Verhalten gegenüber Kollegen war vorbildlich/einwandfrei.
- XYs Verhalten gegenüber Vorgesetzten und Kollegen war einwandfrei. Mit . . . hat er zu unserer Zufriedenheit zusammengearbeitet.
- XYs Verhalten gegenüber Vorgesetzten war vorbildlich/einwandfrei.
- XYs Zusammenarbeit mit Kollegen und Vorgesetzten war stets befriedigend.
- XYs Führung war stets tadellos. Gegenüber Kollegen verhielt er sich immer korrekt.

Mangelhafte Beurteilung des Verhaltens
(Kann auch durch fehlende Aussage zum Sozialverhalten ausgedrückt werden – wieder: so genannte Leerstellen-Technik)

- XYs Zusammenarbeit mit Kollegen war insgesamt zufriedenstellend. Dies galt in der Regel auch für den Umgang mit unseren . . .
- XYs Führung gab uns selten Anlass zu Beanstandungen.
- XYs Verhalten gegenüber Vorgesetzten war unbelastet.
- XY war stets um ein taktvolles Verhalten bemüht.

Weitere persönliche und soziale Verhaltensaspekte

Sehr gute Beurteilung des Verhaltens

- XY fügte sich stets vorbildlich in die unterschiedlichen Arbeitsteams ein und ist mit Mitarbeitern aller Hierarchieebenen jederzeit sehr gut zurechtgekommen.
- Mit XYs exzellenten Umgangsformen waren wir stets außerordentlich zufrieden.
- Besonders hervorzuheben ist sein außerordentliches pädagogisches Geschick. Unsere Auszubildenden haben jederzeit sehr gerne von ihm gelernt.

Noch gute Beurteilung des Verhaltens

- XY fügte sich vorbildlich in die unterschiedlichen Arbeitsteams ein und ist mit Mitarbeitern aller Hierarchieebenen jederzeit gut zurechtgekommen.
- Mit XYs guten Umgangsformen waren wir stets voll zufrieden.
- XY bearbeitete alle Personalfragen absolut vertraulich und hielt sich jederzeit strikt an die Datenschutzbestimmungen.

Knapp befriedigende Beurteilung des Verhaltens

- XY fügte sich gut in die unterschiedlichen Arbeitsteams ein und ist mit Mitarbeitern aller Hierarchieebenen zurechtgekommen.
- Mit XYs Umgangsformen waren wir voll zufrieden.

Kaum noch ausreichende Beurteilung des Verhaltens

- XY fügte sich zu unserer Zufriedenheit in die unterschiedlichen Arbeitsteams ein.
- Mit XYs Umgangsformen waren wir zufrieden.
- Wir lernten XY als einen meinungs- und diskussionsfreudigen Mitarbeiter kennen, der Kritik üben, aber auch akzeptieren konnte.

Mangelhafte Beurteilung des Verhaltens

- XY fügte sich im Großen und Ganzen zufriedenstellend in die unterschiedlichen Arbeitsteams ein.
- Mit XYs Umgangsformen waren wir im Allgemeinen zufrieden.
- XY fiel uns besonders aufgrund seiner Pünktlichkeit auf.
  Der Vollständigkeit halber sei aber auch betont, dass er stets ordentlich und fleißig war.
  (Banalitäten werden betont; das Wörtchen »ehrlich« fehlt.)

Weiter geht es mit dem Abschnitt Zeugnisabschluss (s.S. 119)

Textbausteine für außertarifliche und leitende Angestellte

Einleitung

- Herr/Frau (Vorname, Name), geboren am . . . in . . . , war vom . . . in unserer Abteilung (Bezeichnung) als . . . (Berufsbezeichnung) tätig.
- Herr/Frau (Vorname, Name), geboren am . . . , war in unserem Unternehmen als leitender Angestellter in der Position des . . . vom . . . bis zum . . . tätig.
- Herr/Frau (Vorname, Name), geboren am . . . in . . . , trat am . . . als . . . (Berufsbezeichnung) in unser Unternehmen ein.
- XY, geboren am . . . in . . . , war vom . . . bis zum . . . im Rahmen eines außertariflichen Angestelltenverhältnisses in unserem Unternehmen als . . . tätig. Am . . . wurde ihm Einzelprokura/Gesamtprokura (evtl. Handlungsvollmacht, Generalvertretung etc.) erteilt.
- XY, geboren am . . . , leitete vom . . . bis zum . . . als alleinvertretungsberechtigter Geschäftsführer unser Unternehmen.
- XY, geboren am . . . , wurde am . . . als . . . eingestellt.
- XY war vom . . . bis zum . . . bei uns im Rahmen eines befristeten Arbeitsverhältnisses als . . . beschäftigt.

Positions-, Aufgaben- und Tätigkeitsbeschreibung

- XYs außertarifliches Aufgabengebiet umfasste die selbständige Erledigung von . . .
- Hauptaufgaben in dieser mit großem Gestaltungsspielraum und Eigenverantwortung ausgestatteten Position waren: . . .
- Der Wirkungs- und Verantwortungsbereich von XY umfasste im Wesentlichen die selbständige Erledigung folgender Schwerpunktaufgaben: . . .
- XY leitete die Stabsabteilung . . . Zu seinen Aufgaben gehörten insbesondere . . . Daneben ergaben sich folgende zusätzliche Schwerpunktaufgaben: . . .
- Schwerpunkte im Ziel- und Aufgabenspektrum von XY waren: . . . Aufgrund seiner besonderen Leistung wurde XY ab dem . . . als . . . mit der verantwortlichen Leitung unserer . . . -Abteilung betraut. Seine Aufgaben waren hier im Wesentlichen: . . .
- XY arbeitete in der Abteilung . . . vorwiegend in dem Bereich . . . Zu seinen Aufgaben gehörte . . .
- XY war in unserem Unternehmen im Bereich . . . mit unterschiedlichen Aufgaben betraut. Dazu zählten: . . . (Aufzählung nach Wichtigkeit).

- Nach erfolgreicher Einarbeitung übernahm XY das Verkaufsgebiet . . . zur umsatzverantwortlichen Bearbeitung. Sein Aufgabengebiet umfasste . . . Außerdem wirkte er bei den Projekten . . . mit.
- XY war zunächst in der Abteilung . . . als . . . tätig. Zu seinen Aufgaben gehörten . . . (Aufzählung). Ab dem . . . wurde XY aufgrund seiner guten Leistungen und einer erfolgreichen internen Bewerbung in der Abteilung . . . als . . . eingesetzt. Dort war XY in der Tarifgruppe . . . mit der selbständigen Bearbeitung folgender Aufgaben betraut: . . . (Aufzählung).
- XY war im Bereich . . . für . . . tätig. Er besaß Handlungsvollmacht nach § 54 HGB. Seine Aufgabenschwerpunkte lagen in der selbständigen Bearbeitung von . . . (Aufzählung).

Leistungsbeurteilung

Arbeitsbereitschaft

Sehr gute Beurteilung der Arbeitsbereitschaft

- Wir schätzen XY als eine dynamische Fach- und Führungspersönlichkeit, die ihren Aufgabenbereich stets mit großem Engagement zielorientiert und ergebnisgerecht geleitet und durch vielfältige Initiativen weiterentwickelt hat.
- Stets zeigte XY eine herausragende Einsatzbereitschaft, wobei sein Enthusiasmus und seine optimistische Haltung auch in schwierigen Arbeitssituationen sehr motivierend auf Kollegen und Mitarbeiter wirkten.
- XY genießt unser Vertrauen aufgrund seines hohen (z. B. einfügen: juristischen) Könnens und seines ausgeprägten beruflichen Engagements.
- XY identifiziert sich sehr stark/absolut mit seinen Arbeitsaufgaben und den Unternehmenszielen.
- XYs Arbeitsstil ist durch ausgeprägte Eigeninitiative gekennzeichnet, und er war stets bereit und fähig, neue Vorhaben durch konstruktive Vorschläge entscheidend zu unterstützen und dadurch wesentlich voranzubringen.

Noch gute Beurteilung der Arbeitsbereitschaft

- XY ist eine dynamische Fach- und Führungspersönlichkeit, die ihren Aufgabenbereich stets mit großem Engagement zielorientiert geleitet und durch viele Initiativen weiterentwickelt hat.
- Stets zeigte XY eine gute Einsatzbereitschaft, wobei seine optimistische Haltung auch in schwierigen Arbeitssituationen sehr motivierend wirkte.
- XY führte alle Aufgaben sehr umsichtig aus, auf der Grundlage einer breiten Wissensbasis und stark motiviert.
- XYs Leistungen und seine Erfolge basieren auf seinem hohen persönlichen Engagement.
- Einsatzbereitschaft und Erfolg kennzeichnen seine engagierte Arbeitshaltung.

Knapp befriedigende Beurteilung der Arbeitsbereitschaft

- XY leitet seinen Aufgabenbereich mit Engagement.
- XY zeigte eine gute Arbeitsbereitschaft.
- XY erarbeitete die Problemlösungen seines Aufgabengebietes zielstrebig.
- XY bewältigte seine Aufgaben engagiert und motiviert.

Kaum noch ausreichende Beurteilung der Arbeitsbereitschaft

- XY zeigte auch Engagement und Initiative.
- XY zeigte auch Einsatzbereitschaft.
- XY erledigte seine Aufgaben engagiert.

Mangelhafte Beurteilung der Arbeitsbereitschaft

- XYs Tätigkeit erforderte Initiative und Engagement.
- XYs Position erforderte ein hohes Maß an Einsatzbereitschaft.
- XYs Arbeitsmoral entsprach im Großen und Ganzen unseren Erwartungen.
- XYs Aufgabenbereich erforderte zügiges, eigenverantwortliches und zielstrebiges Arbeiten/Entscheiden. (Hier fehlt der Hinweis auf die erzielten Erfolge.)

Arbeitsbefähigung

Sehr gute Beurteilung der Arbeitsbefähigung

- Die Fach- und Leistungskompetenz von XY war stets und in jeder Hinsicht sehr gut.
- XY agierte in neuen geschäftlichen Arbeits- und Belastungssituationen stets sicher, flexibel und sehr gut.
- XY bewies ein sehr gutes analytisch-konzeptionelles und zugleich pragmatisches Denk- und Urteilsvermögen.
- Die Anforderungen dieser vielseitigen und schwierigen Arbeitsaufgaben erfüllte XY in idealer Weise und war dadurch ein in jeder Hinsicht äußerst fähiger Mitarbeiter.
- XY erfüllte die Anforderungen dieses verantwortungsvollen Arbeitsplatzes stets in hervorragender Weise.
- XY ist ein besonders fähiger . . . (Berufsbezeichnung) mit exzellentem Fachwissen.
- Bereits nach kurzer Zeit arbeitete sich XY dank seiner ausgezeichneten Ausbildung erfolgreich in die schwierigen Aufgaben seines Arbeitsplatzes ein.

Noch gute Beurteilung der Arbeitsbefähigung

- Die Fach- und Leistungskompetenz von XY war stets und in jeder Hinsicht gut.
- XY agierte in neuen geschäftlichen Arbeits- und Belastungssituationen sicher, flexibel und gut.
- XY bewies ein gutes analytisch-konzeptionelles und zugleich pragmatisches Denk- und Urteilsvermögen.
- XY zeigte sich den Anforderungen und Belastungen seines Arbeitsbereiches stets gut gewachsen.
- XY besitzt eine große Berufs- und Leitungserfahrung.
- Aufgrund seiner fundierten Fachkenntnisse und seines Arbeitseinsatzes war XY in der Lage, unserem Unternehmen wiederholt wichtige Impulse zu geben, die zu verbesserten Arbeitsabläufen führten.

Knapp befriedigende Beurteilung der Arbeitsbefähigung

- Die Fach- und Leistungskompetenz von XY war gut.
- XY passte sich neuen geschäftlichen Situationen erfolgreich an.
- XY zeigte sich den Anforderungen und Belastungen seiner Position gut gewachsen.
- XY hat immer wieder an verschiedenen internen und externen Fachveranstaltungen zum Themenbereich . . . teilgenommen.

Kaum noch ausreichende Beurteilung der Arbeitsbefähigung

- Die Fach- und Leistungskompetenz von XY war zufriedenstellend.
- XY passte sich neuen geschäftlichen Situationen ohne Schwierigkeiten an.
- XY war den Belastungen seines Aufgabenbereiches gewachsen.
- XY hat weitgehend die gebotenen Möglichkeiten genutzt, sich nach der Arbeitszeit fachlich weiterzubilden.

Mangelhafte Beurteilung der Arbeitsbefähigung

- Die Fach- und Leistungskompetenz von XY war insgesamt zufriedenstellend.
- Neue geschäftliche Situationen erforderten von XY eine reibungslose Anpassung ohne Schwierigkeiten.
- Dieser Aufgabenbereich stellt schwierige Anforderungen und bringt hohe Belastungen mit sich.
- XY verfügt über ein erweiterungsfähiges Wissen.

Arbeitsweise

Sehr gute Beurteilung der Arbeitsweise

- XY bearbeitete und löste alle Problemstellungen seines Aufgabengebietes stets sehr selbständig, systematisch und sorgfältig.
- XY arbeitet selbständig, zielstrebig und umsichtig und erzielt dabei stets optimale Lösungen.
- XY ist ein äußerst engagierter, zuverlässiger und aktiver Mitarbeiter, der sich durch Kreativität und Durchsetzungsvermögen auszeichnet.
- XY hat stets unser absolutes Vertrauen genossen und daher Zugang zu allen geschäftspolitischen Daten unseres Unternehmens.

Noch gute Beurteilung der Arbeitsweise

- XY bearbeitete und löste alle Problemstellungen seines Aufgabengebietes sehr selbständig, systematisch und sorgfältig.
- XY arbeitete sehr zielstrebig und umsichtig und erzielt dabei stets gute Ergebnisse.
- Aufgrund seiner persönlichen und fachlichen Kompetenz, insbesondere den Fähigkeiten auf dem Gebiet . . ., konnten wir XY ab . . . in einer Tätigkeit als . . . einsetzen.

Knapp befriedigende Beurteilung der Arbeitsweise

- XY bearbeitete und löste die Problemstellungen seines Aufgabengebietes selbständig, systematisch und sorgfältig.
- XY arbeitete zielstrebig und umsichtig und erzielte dabei gute Lösungen.
- Wir kennen XY als einen gewissenhaften und selbständig arbeitenden Mitarbeiter, der systematisch und mit Erfolg seine Arbeitsaufgaben ausführt.

Kaum noch ausreichende Beurteilung der Arbeitsweise

- XY bearbeitete die Problemstellungen seines Aufgabengebietes, die wir ihm übertrugen.
- XY arbeitet zielstrebig und erreicht praktikable Lösungen.
- XY geht oft systematisch an seine Aufgaben heran.

Mangelhafte Beurteilung der Arbeitsweise

- XY war es ein besonderes Anliegen, die Problemstellungen seines Aufgabengebietes, die wir ihm zur Lösung übertrugen, sorgfältig und systematisch anzugehen.
- XY erfasste schnell und sicher die wesentlichen Aspekte seines Aufgabenbereiches und strebte optimale Lösungen an.

Arbeitserfolg

Sehr gute Beurteilung des Arbeitserfolges

- XY arbeitete immer nach klarer, durchdachter, eigener Planung und erzielte stets optimale Arbeitserfolge.
- XYs Arbeitsergebnisse erfüllten stets höchste Ansprüche. Sein Erfolg bewies sein unternehmerisches Format.
- XY hat die mit seiner Position verbundenen Gestaltungsmöglichkeiten zu unserer absolut vollsten Zufriedenheit kreativ und verantwortungsbewusst genutzt. Immer wieder verstand er es, in seinem Arbeitsgebiet wichtige Impulse zu geben und neue Wege zu beschreiten. Auf diese Weise erzielte er erhebliche wirtschaftliche Erfolge für unser Unternehmen.
- Die Arbeit von XY war stets von ausgezeichneter Qualität.
- XY erzielte auch bei besonderen und zusätzlichen Arbeitsaufgaben stets sehr gute Ergebnisse.
- XY zeigte bei seinen Arbeitsaufgaben sehr hohen persönlichen Einsatz und hervorragende Leistungen, sowohl qualitativ als auch quantitativ.

Noch gute Beurteilung des Arbeitserfolges

- XY arbeitete nach klarer, durchdachter, eigener Planung und erzielte stets gute Arbeitserfolge.
- XYs Arbeitsergebnisse waren stets von hoher Qualität.
- XY hat neue Aufgaben und Probleme frühzeitig erkannt und zielstrebig in Angriff genommen. Dies geschah in Eigeninitiative und auf kooperative und effiziente Weise und führte stets zu guten Lösungen.
- Die Arbeit von XY erfüllte stets hohe Ansprüche.
- XY erzielt auch bei besonderen und zusätzlichen Arbeitsaufgaben stets gute Ergebnisse.

Knapp befriedigende Beurteilung des Arbeitserfolges

- XY arbeitete nach eigener Planung und erzielte gute Arbeitserfolge.
- XYs Arbeitsergebnisse erfüllten hohe Ansprüche.
- XY hat neue Aufgaben und Probleme erkannt, in Angriff genommen und auf kooperative Weise gelöst.
- Die Arbeit von XY war von hoher Qualität.
- XY erzielte auch bei Sonderaufgaben gute Lösungen.

Kaum noch ausreichende Beurteilung des Arbeitserfolges

- XY arbeitete nach Plan und erreichte praktikable Lösungen.
- XYs Arbeitsergebnisse erfüllten stets unsere Ansprüche.
- XY hat auch neue Aufgaben und Probleme erkannt.
- Die Arbeit von XY ist stets von der erforderlichen Qualität gekennzeichnet.

Mangelhafte Beurteilung des Arbeitserfolges

- XY strebte optimale Arbeitserfolge an.
- Die Arbeitsqualität von XY erfüllte im Allgemeinen unsere Ansprüche.
- XY suchte nach Lösungen für die in seinem Arbeitsbereich auftretenden Probleme.
- XY setzte sich für die Belange unseres Unternehmens und die Ausweitung unseres Marktes ein. Immer wieder gelang es ihm, unsere Kunden für unsere Produkte zu interessieren.

Besondere Arbeitserfolge
(nur bei sehr guter bzw. guter Beurteilung)

In diesem Abschnitt bestehen individuelle inhaltliche Gestaltungsmöglichkeiten. Schwerpunktthemen können in den Bereichen Vertrieb, Marketing und Außendienstaktivitäten liegen, aber auch in der Reorganisation der Projektarbeit sowie bei Verbesserungsvorschlägen. Weitere besondere Arbeitserfolge sind z. B. aus der Erweiterung der Kompetenzen bzw. der Beförderung abzuleiten.

- XY erzielte durch eine kontinuierliche Optimierung der Arbeitsabläufe eine Kapazitätssteigerung von x %, ohne dass dafür zusätzliche Investitionen notwendig waren.
- Wir haben XY wegen seiner sehr guten Leistungen auf dem Gebiet . . . bereits nach kurzer Zeit in die Gruppe der außertariflichen Angestellten übernehmen können.
- Wir haben XY aufgrund seiner bisherigen Erfolge mit schwierigen Projekten betrauen können. Er erarbeitete innerhalb kürzester Zeit sehr gute Lösungsvorschläge, die sich dann in der Praxis auch hervorragend bewährten.
- XY erstellt des Öfteren schwierige Gutachten. Er hat in Fachkreisen einen Namen als anerkannter Experte.
- XY beschäftigte sich laufend mit dem Spezialgebiet X und veröffentlichte dazu diverse stark beachtete Aufsätze in internationalen Fachzeitschriften.
- XY hat sehr wesentlich zum internationalen Erfahrungsaustausch unserer Unternehmensgruppe beigetragen.

Fachwissen / Weiterbildungsmotivation

Sehr gute Beurteilung von Fachwissen/Weiterbildungsmotivation

- XY verfügt über eine sehr breite und beachtliche Berufs- und Leitungserfahrung. Die Unternehmensleitung konnte sich stets auf seine fundierten fachlichen Urteile und umsichtigen Empfehlungen verlassen.
- XY ist hoch weiterbildungsmotiviert und hat sich in eigener Initiative neben seinem starken beruflichen Engagement mit enormem Einsatz und sehr guten Ergebnissen in . . . weitergebildet.
- XY besitzt ein umfassendes, detailliertes und aktuelles Fachwissen im Bereich . . . und wendet die vorhandenen Methoden/Instrumente und Techniken jederzeit sehr wirksam in seiner Berufspraxis an.

Noch gute Beurteilung von Fachwissen/Weiterbildungsmotivation

- XY verfügt über eine große Berufs- und Leitungserfahrung. Die Unternehmensleitung konnte sich auf seine fundierten Urteile und umsichtigen Empfehlungen verlassen.
- XY ist sehr weiterbildungsmotiviert und hat sich in eigener Initiative neben seinem großen beruflichen Engagement mit enormem Einsatz und guten Ergebnissen in . . . weitergebildet.
- XY besitzt ein umfassendes, detailliertes und aktuelles Fachwissen im Bereich . . . und wendet die vorhandenen Methoden/Instrumente und Techniken jederzeit wirksam in seiner Berufspraxis an.

Knapp befriedigende Beurteilung von Fachwissen/Weiterbildungsmotivation

- XY verfügt über eine große Berufserfahrung. Die Unternehmensleitung hat seine Empfehlungen oft berücksichtigt.
- XY ist weiterbildungsmotiviert und hat sich in eigener Initiative neben seinem beruflichen Engagement mit guten Ergebnissen in . . . weitergebildet.
- XY beherrschte seinen Arbeitsbereich umfassend.
- XY ist auch weiterbildungsmotiviert und hat sich neben seinem Beruf weitergebildet.
- XY besitzt Fachwissen im Bereich . . . und kann die vorhandenen Methoden/Instrumente und Techniken wirksam in seiner Berufspraxis anwenden.

Kaum noch ausreichende Beurteilung von Fachwissen/Weiterbildungsmotivation

- XY gab der Unternehmensleitung aufgrund seiner Berufserfahrung fachliche Hinweise, die wiederholt berücksichtigt werden konnten.
- XY beherrschte seinen Arbeitsbereich entsprechend den Anforderungen.
- XY verfügt über Kenntnisse der . . .

- XY hatte mit der Bearbeitung der Arbeitsaufgaben, die wir ihm übertrugen, aufgrund seiner Kenntnisse weder Probleme noch Schwierigkeiten.
- XY nutzte jede sich bietende Gelegenheit, um sich in externen Weiterbildungsveranstaltungen fortzubilden. (Stichwort: Flucht)

Mangelhafte Beurteilung von Fachwissen/Weiterbildungsmotivation

- XY gab der Geschäftsleitung fachliche Hinweise, die im Allgemeinen positiv zur Kenntnis genommen wurden.
- XY interessierte sich für Methoden und Instrumentarien moderner . . . -Arbeit.
- XY verfügt über ein ausbaufähiges Basiswissen in den Bereichen . . .
- XY engagierte sich sehr stark auch in unserem Fachverband, wo er als Fachmann für . . . galt.

Beurteilung von Führungsleistung und -erfolg

Vorab: Charakterisierung der Führungsaufgaben und Umstände

- Das von XY geleitete Team umfasste . . . (Anzahl) Spezialisten aus den Bereichen . . .
- XY verfügt über eine langjährige Führungserfahrung mit . . .
- XY führte in seinem Bereich . . . (Anzahl) Mitarbeiter.
- XY führte eine Anzahl von . . . Mitarbeitern, die im . . . sowie im . . . eingesetzt waren. Er sorgte neben Einstellung und effektiver Einarbeitung erfolgreich für deren ständige Aus- und Weiterbildung und Förderung.

Sehr gute Beurteilung von Führungsleistung und -erfolg

- XY motivierte die ihm unterstellten Mitarbeiter durch eine fach- und personenbezogene Führung stets zu sehr guten Leistungen.
- XY war als Vorgesetzter anerkannt und beliebt. Sein Verhalten gegenüber seinen Mitarbeitern war immer offen und kollegial, so dass es ihm stets gelang, seine Mitarbeiter auch in schwierigen Situationen zu sehr guten Arbeitsergebnissen zu motivieren.
- Die Führung von Mitarbeitern im Bereich . . . stellt hohe Anforderungen an den Vorgesetzten. XY hat alle Disziplinarfragen aufgrund seines Durchsetzungsvermögens stets sehr gut gelöst.
- Durch XYs verbindliche, aber bestimmte Art hatte er ein ausgezeichnetes Verhältnis zu seinen Mitarbeitern. Dies führte zu einem sehr produktiven Arbeits- und Betriebsklima.
- Obwohl XY direkt aus den Reihen seiner ehemaligen Kollegen heraus zu deren neuem Vorgesetzten befördert wurde, meisterte er diese schwierige Führungsaufgabe vorbildlich.
- Unter der Leitung von XY haben sich Leistung und Teamgeist in seinem Verantwortungsbereich innerhalb sehr kurzer Zeit äußerst positiv entwickelt.

Noch gute Beurteilung von Führungsleistung und -erfolg

- XY motivierte die ihm unterstellten Mitarbeiter durch eine fach- und personenbezogene Führung stets zu guten Leistungen.
- XY war sachlich überzeugend und ein verbindlicher Vorgesetzter. Dies machte sich stets in entsprechend guten Ergebnissen seiner Arbeitsgruppe bemerkbar.
- Die Führung von Mitarbeitern im Bereich . . . stellt hohe Anforderungen an den Vorgesetzten. XY hat alle Disziplinarfragen aufgrund seines Durchsetzungsvermögens stets gut gelöst.
- XY vermittelte seinen Mitarbeitern einen hohen Kenntnisstand und sorgte mit seinem verbindlichen Verhalten für ein gutes Betriebsklima und ausgezeichnete Mitarbeiterleistungen.
- Unter der Leitung von XY haben sich Leistung und Teamgeist in seinem Verantwortungsbereich innerhalb kurzer Zeit positiv entwickelt.

Knapp befriedigende Beurteilung von Führungsleistung und -erfolg

- XY motivierte die ihm unterstellten Mitarbeiter durch eine fach- und personenbezogene Führung zu guten Leistungen.
- XY überzeugte seine Mitarbeiter und koordinierte ihre Zusammenarbeit. Er gab die sachlich notwendigen Informationen stets weiter und förderte die Fortbildung seiner Mitarbeiter.
- Die Führung von Mitarbeitern im Bereich . . . stellt hohe Anforderungen an den Vorgesetzten. XY ist bei allen Disziplinarfragen aufgrund seines Durchsetzungsvermögens gut zurechtgekommen.
- Als Vorgesetzter zeichnet sich XY durch die notwendige Konsequenz, natürliche Autorität und die organisatorischen Fähigkeiten aus, Mitarbeiter anzuleiten und erfolgreich zu führen.
- XY führte seine Mitarbeiter zielbewusst und konsequent zu voll zufriedenstellenden Arbeitsergebnissen. (Hier fehlt der Hinweis auf die Mitarbeiterzufriedenheit.)

Kaum noch ausreichende Beurteilung von Führungsleistung und -erfolg

- XY motivierte die ihm unterstellten Mitarbeiter zu zufriedenstellenden Leistungen.
- Die Führung von Mitarbeitern im Bereich . . . stellt hohe Anforderungen an den Vorgesetzten. XY ist mit den auftretenden Disziplinarproblemen zurechtgekommen.
- XY verfügt als . . . (z. B. Abteilungsleiter) über eine natürliche Autorität. (Steht diese Aussage allein, ohne weitere Zusätze, lässt dies auf Führungsmängel schließen.)
- XY leitet seine Mitarbeiter stets zu voll befriedigenden Leistungen an.
- XY legte bei den ihm unterstellten Mitarbeitern auf Pünktlichkeit und andere wichtige Arbeitstugenden Wert. (Unwichtiges wird hervorgehoben.)

Mangelhafte Beurteilung von Führungsleistung und -erfolg

- XY motivierte die ihm unterstellten Mitarbeiter insgesamt zu recht zufriedenstellenden Leistungen.
- XY wird von seinen Mitarbeitern als gerechter und vorbildlicher Vorgesetzter geschätzt.
  (Keine Leistungsaussage!)
- Die Führung von Mitarbeitern im Bereich . . . stellt hohe Anforderungen an den Vorgesetzten. XY ist mit den regelmäßig auftretenden Disziplinarproblemen im Großen und Ganzen gut zurechtgekommen.
- XY koordiniert die Arbeit seiner Untergebenen und gibt stets klare Anweisungen.
  (Banalitäten!)

Zusammenfassende Beurteilung der Leistung (Zufriedenheitsaussage)

Sehr gute Gesamtbeurteilung der Leistungen

- XY hat die besonderen Aufgaben seiner Position stets zu unserer vollsten Zufriedenheit erledigt und unseren Anforderungen und Erwartungen in jeder Hinsicht und in allerbester Weise entsprochen.
- XY hat ein weit gespanntes Spektrum sehr verschiedenartiger Aufgaben wahrgenommen. Mit seinen sehr guten Leistungen und Erfolgen waren wir stets außerordentlich zufrieden.
- XY hat seine Position stets zu unserer vollsten Zufriedenheit ausgeübt.
- XY hat seine Aufgaben stets zu unserer vollsten Zufriedenheit erfüllt.
- Die Leistungen von XY verdienen in jeder Hinsicht unsere vollste Anerkennung.
- Wir waren mit den Leistungen von XY stets außerordentlich zufrieden.

Noch gute Gesamtbeurteilung der Leistungen

- XY hat die besonderen Aufgaben seiner Position stets zu unserer vollen Zufriedenheit erledigt und unseren Anforderungen und Erwartungen in jeder Hinsicht gut entsprochen.
- XY hat ein weit gespanntes Spektrum sehr verschiedenartiger Aufgaben wahrgenommen. Mit seinen guten Leistungen und Erfolgen waren wir stets voll zufrieden.
- XY hat seine Position stets zu unserer vollen Zufriedenheit ausgeübt.
- XY hat seine Aufgaben stets zu unserer vollen Zufriedenheit erfüllt.
- Die Leistungen von XY verdienen in jeder Hinsicht unsere ganze/volle Anerkennung.
- Wir waren mit den Leistungen von XY stets sehr zufrieden.

Knapp befriedigende Gesamtbeurteilung der Leistungen

- XY hat die Aufgaben seiner Position zu unserer vollen Zufriedenheit erledigt.
- XY hat ein weit gespanntes Spektrum sehr verschiedenartiger Aufgaben wahrgenommen. Mit seinen Leistungen waren wir voll zufrieden.
- XY hat seine Position zu unserer vollen Zufriedenheit ausgeübt.
- XY hat seine Aufgaben zu unserer vollen Zufriedenheit erfüllt.
- Die Leistungen von XY verdienen unsere ganze Anerkennung.
- Wir waren mit den Leistungen von XY sehr zufrieden.

Kaum noch ausreichende Gesamtbeurteilung der Leistungen

- XY hat die Aufgaben seiner Position zu unserer Zufriedenheit wahrgenommen.
- XY hat verschiedenartige Aufgaben wahrgenommen. Mit seinen Leistungen waren wir zufrieden.
- XY hat seine Position zu unserer Zufriedenheit ausgeübt.
- XY hat seine Aufgaben zu unserer Zufriedenheit erfüllt.
- Die Leistungen von XY verdienen unsere Anerkennung.
- Wir waren mit den Leistungen von XY zufrieden.

Mangelhafte Gesamtbeurteilung der Leistungen

- XY hat die Aufgaben seiner Position im Großen und Ganzen zu unserer Zufriedenheit wahrgenommen.
- Insgesamt können wir sagen, dass XY seine Position und Aufgaben zu unserer Zufriedenheit gelöst hat.
- XY hat insgesamt seinen Verantwortungsbereich zu unserer Zufriedenheit geleitet.
- XY kümmerte sich stets mit viel Mühe, Anstrengung und Fleiß um die Leistung seiner Mitarbeiter.

Verhaltensbeurteilung

Verhalten gegenüber Vorgesetzten, Kollegen und Mitarbeitern

Sehr gute Beurteilung des Verhaltens

- Wegen seiner aktiven und kooperativen Wesensart war XY stets beim Vorstand, Kollegen und den Mitarbeitern gleichermaßen sehr anerkannt und beliebt.
- XY überzeugte fachlich und persönlich. Dies wurde von seinen Vorgesetzten, Kollegen und Mitarbeitern sehr geschätzt.
- XYs Verhalten gegenüber der Unternehmensleitung, seine Integration im Kollegium und sein offener Zugang zu den Mitarbeitern waren stets vorbildlich.
- XYs Kooperation mit Vorgesetzten, Kollegen und Mitarbeitern war stets sehr gut.
- XYs Verhalten gegenüber Vorgesetzten, Kollegen und Mitarbeitern war stets einwandfrei. (Bei leitenden Angestellten eigentlich zu knapp formuliert.)

Noch gute Beurteilung des Verhaltens

- Wegen seiner aktiven und kooperativen Wesensart war XY beim Vorstand, den Kollegen und den Mitarbeitern gleichermaßen sehr anerkannt und geschätzt.
- XY konnte fachlich und persönlich überzeugen und erwarb sich Anerkennung und Wertschätzung seiner Vorgesetzten, Kollegen und Mitarbeiter.
- XYs Verhalten gegenüber der Unternehmensleitung, seine Integration im Kollegium und sein offener Zugang zu den Mitarbeitern waren vorbildlich.
- XYs Kooperation mit Vorgesetzten, Kollegen und Mitarbeitern war stets gut.
- XYs Verhalten gegenüber Vorgesetzten, Kollegen und Mitarbeitern war einwandfrei.

Knapp befriedigende Beurteilung des Verhaltens
(Durch eine Umstellung der Reihenfolge in den Personengruppen Vorgesetzte, Kollegen und Mitarbeiter wird in dieser und den folgenden Beurteilungen Kritik zum Ausdruck gebracht, ebenso auch mit Hilfe der so genannten Negationstechnik, wie z. B. in der Formulierung »kein Anlass zur Beanstandung/Klage/Tadel« etc.)

- Wegen seiner aktiven und kooperativen Wesensart wurde XY von Mitarbeitern, Kollegen und Vorstandsmitgliedern gleichermaßen geschätzt und anerkannt.
- XY konnte fachlich und persönlich überzeugen und erwarb sich die Anerkennung seiner Vorgesetzten und Mitarbeiter. (Kollegen werden nicht erwähnt!)
- XYs Kooperation mit Vorgesetzten, Kollegen und Mitarbeitern war gut.

- XYs Verhalten gegenüber Kollegen, Mitarbeitern und Vorgesetzten war einwandfrei.
- Aufgrund seiner untadeligen Persönlichkeit und seiner unbestrittenen Kooperationsbereitschaft war XY allseits anerkannt und beliebt.

Kaum noch ausreichende Beurteilung des Verhaltens
(Wird auch deutlich, wenn Vorgesetzte oder Kollegen nicht erwähnt werden – so genannte Leerstellen-Technik).

- Wegen seiner aktiven und kooperativen Wesensart wurde XY von allen Mitarbeitern geschätzt und anerkannt.
- XY konnte fachlich und persönlich überzeugen und erwarb sich allseits deutliche Anerkennung.
- XYs Kooperation mit Vorgesetzten, Kollegen und Mitarbeitern war zufriedenstellend.
- XYs Verhalten war korrekt.
- XYs Verhalten gegenüber Mitarbeitern war zufriedenstellend.
- XYs Verhalten gegenüber Vorgesetzten war höflich und distanziert.
- Aufgrund seiner untadeligen Persönlichkeit und seiner unbestrittenen Kooperationsbereitschaft war XY allseits beliebt.

Mangelhafte Beurteilung des Verhaltens
(Kann auch durch fehlende Aussage zum Sozialverhalten ausgedrückt werden – wieder so genannte Leerstellen-Technik.)

- XY verhielt sich gegenüber Mitarbeitern und auch seinen Vorgesetzten immer freundlich und korrekt.
- XYs Zusammenarbeit mit Mitarbeitern und Vorgesetzten war insgesamt zufriedenstellend.
- XYs Kooperation mit Kollegen, Mitarbeitern und Vorgesetzten war insgesamt zufriedenstellend.
- XY bemühte sich um eine gute Zusammenarbeit mit allen.

Verhalten gegenüber Dritten
(Auf diese Beurteilungskategorie wird häufig verzichtet. Ihr Fehlen weist also nicht auf Mängel im Verhalten gegenüber Dritten hin.)

Sehr gute Beurteilung des Verhaltens

- XYs Auftreten gegenüber unseren . . . (z. B. Geschäftspartnern) war stets vorbildlich.
- Die Zusammenarbeit mit unseren . . . (z. B. Kunden) war wegen seiner guten Kontaktfähigkeit immer äußerst positiv und erfolgreich.

- Auch von unseren . . . (z. B. Geschäftspartnern) wurde XY stets außerordentlich geschätzt.
- In unseren Kontakten zu . . . erwies sich XY stets als umsichtiger Gesprächs- und Verhandlungspartner.

Noch gute Beurteilung des Verhaltens

- XYs Auftreten gegenüber unseren . . . (z. B. Geschäftspartnern) war vorbildlich.
- Die Zusammenarbeit mit unseren . . . (z. B. Kunden) war wegen seiner guten Kontaktfähigkeit sehr positiv und erfolgreich.
- Auch von unseren . . . (z. B. Geschäftspartnern) wurde XY stets sehr geschätzt.
- In unseren Kontakten zu . . . erwies sich XY als umsichtiger Gesprächs- und Verhandlungspartner.

Knapp befriedigende Beurteilung des Verhaltens

- XYs Auftreten gegenüber unseren . . . (z. B. Geschäftspartnern) war gut.
- Die Zusammenarbeit mit unseren . . . (z. B. Kunden) war wegen seiner Kontaktfähigkeit positiv und erfolgreich.
- Auch von unseren . . . (z. B. Geschäftspartnern) wurde XY geschätzt.

Kaum noch ausreichende Beurteilung des Verhaltens

- XYs Auftreten gegenüber unseren . . . (z. B. Geschäftspartnern) war nicht zu beanstanden.
- Die Zusammenarbeit mit unseren . . . (z. B. Kunden) gestaltete sich positiv und auch durchaus erfolgreich.
- Auch von unseren . . . (z. B. Geschäftspartnern) wurde XY durchaus geschätzt.

Mangelhafte Beurteilung des Verhaltens

- XY bemühte sich stets um ein höfliches und überzeugendes Auftreten gegenüber unseren . . .
- XY verhielt sich gegenüber . . . immer freundlich und korrekt.
- XYs Zusammenarbeit mit . . . war insgesamt zufriedenstellend.
- XY bemühte sich um eine gute Zusammenarbeit mit allen . . .

Weitere persönliche und soziale Verhaltensaspekte
(Auf diese Kategorie wird häufig in Zeugnissen verzichtet. Aus ihrem Fehlen ist keine Kritik am Verhalten abzuleiten.)

Sehr gute Beurteilung des Verhaltens

- Besonders hervorzuheben ist XYs absolute Integrität und seine hoch ausgeprägte Überzeugungs- und Durchsetzungsfähigkeit.
- Aufgrund seiner Persönlichkeit genoss XY in jeder Hinsicht voll und ganz unser Vertrauen.
- XY besitzt großes persönliches Geschick.
- Besonders hervorzuheben ist bei XY seine Fähigkeit, bei diffizilen Entscheidungen den Konsens zu suchen und zu finden.

Noch gute Beurteilung des Verhaltens

- Hervorzuheben ist XYs Integrität und seine ausgeprägte Überzeugungs- und Durchsetzungsfähigkeit.
- Wir schätzten an XY, dass für ihn die Interessen des Unternehmens höchste Priorität hatten.
- XY besitzt persönliches Geschick.

Knapp befriedigende Beurteilung des Verhaltens

- Erwähnenswert ist XYs Überzeugungs- und Durchsetzungsfähigkeit.
- Die Interessen des Unternehmens hatten bei XY hohe Priorität.
- Als . . . bewies XY Geschick im Umgang mit Mitarbeitern aus verschiedenen Arbeitsbereichen.

Kaum noch ausreichende Beurteilung des Verhaltens

- Erwähnenswert ist auch XYs Überzeugungs- und Durchsetzungsbereitschaft.
- XY räumte den Interessen des Unternehmens wenn notwendig Priorität ein.
- XY fügte sich zu unserer Zufriedenheit in verschiedene Projekt- und Arbeitsgruppen ein.

Mangelhafte Beurteilung des Verhaltens

- Erwähnenswert ist, dass diese Position Überzeugungs- und Durchsetzungsfähigkeit erfordert.
- Bis zur Beendigung des Arbeitsverhältnisses waren wir stets von der Zuverlässigkeit XYs überzeugt.
- Erwähnenswert ist auch XYs sehr zurückhaltendes und bescheidenes Auftreten.

Textbausteine für den Zeugnisabschluss

Der nun folgende letzte Abschnitt des Arbeitszeugnisses ist für die drei Gruppen gewerbliche Arbeitnehmer, Angestellte und leitende bzw. außertarifliche Angestellte gleich. Der Abschluss des Zeugnisses umfasst die Formulierungen der Kündigung, Dankes- und Bedauern-Formeln und Zukunftswünsche.

Formulierung der Kündigung

Kündigung durch den Arbeitnehmer (mit Begründung)

- XY verlässt unser Unternehmen am heutigen Tag, um sich beruflich zu verändern.
- XY verlässt uns auf eigenen Wunsch, um sich neuen beruflichen Aufgaben zu stellen.
- XY scheidet auf eigenen Wunsch aus, um sich beruflich zu verbessern.
- XY verlässt uns, um in einem anderen Unternehmen eine weiterführende Aufgabe zu übernehmen.
- XY verlässt uns auf eigenen Wunsch, um . . . Er hatte das Arbeitsverhältnis fristgemäß zum . . . gekündigt. Aufgrund der Tatsache, dass sein neuer Arbeitgeber ihn bat, möglichst frühzeitig in das neue Unternehmen zu wechseln, waren wir trotz gewisser Überbrückungsschwierigkeiten für uns aufgrund des sehr guten wechselseitigen Verhältnisses und in bester Absicht für XY mit einem vorzeitigen Wechsel einverstanden.
- Zum . . . hat XY das mit uns bestehende Arbeitsverhältnis fristgemäß gekündigt, um . . . (z. B. ein Studium aufzunehmen, sich selbständig zu machen/einen durch Berufswechsel des Ehepartners bedingten Ortswechsel mitzuvollziehen etc.).
- XY hat das Beschäftigungsverhältnis fristgemäß auf eigenen Wunsch gelöst, um sich mit Ablauf des Erziehungsurlaubes ganz der Familie zu widmen.
- XY verlässt uns auf eigenen Wunsch, um . . . (z. B. sich finanziell zu verbessern/beruflich weiterzukommen/neue Aufstiegschancen wahrzunehmen, die wir ihm nicht bieten konnten).
  (Eher negativ wirkende Formulierung.)

Kündigung durch den Arbeitnehmer (ohne Begründung)

- XY scheidet auf eigenen Wunsch aus unserem Unternehmen aus.
- Auf eigenen Wunsch beendete XY zum . . . seine Tätigkeit bei uns.
- XY trennt sich zum . . . von unserer Firma aus eigenem Entschluss.
  (Die Formulierungen »trennt sich« und »Entschluss« können eine vom Arbeitgeber geforderte bzw. erbetene Eigenkündigung andeuten.)
- XY verlässt unsere Firma zum . . .
  (Auf wessen/eigenen Wunsch??)

Kündigung durch den Arbeitnehmer bei Nichteinhaltung der Kündigungsfrist

- XY beendete auf eigenen Wunsch das Arbeitsverhältnis zum . . . (so genanntes »krummes« Datum, s.S. 23, 27).
- Um in einem anderen Unternehmen seinen Berufsweg fortzusetzen, verließ uns XY vorzeitig am . . . (»krummes« Datum).
- XY schied zum . . . (»krummes« Datum) auf eigenen Wunsch aus unserem Unternehmen aus, um sich umgehend einer neuen Arbeitsaufgabe stellen zu können.

Beendigung des Arbeitsverhältnisses durch Aufhebungsvertrag oder Vergleich

- Am . . . endet das Arbeitsverhältnis im gegenseitigen Einvernehmen.
- Das Arbeitsverhältnis endet mit Datum vom . . . in beiderseitigem besten Einvernehmen.
- Auf Wunsch von Herrn X endet das Arbeitsverhältnis in beiderseitigem guten Einvernehmen am . . .
- Das Ausscheiden von XY erfolgte in beiderseitigem guten Einvernehmen am . . .
- Das Arbeitsverhältnis endet zum . . . durch einvernehmliche Trennung.
  (Deutet Probleme an: Trennung = Initiative des Arbeitgebers.)

Betriebsbedingte Kündigung durch den Arbeitgeber

- Zu unserem Bedauern musste das Arbeitsverhältnis mit Herrn X fristgemäß und betriebsbedingt gekündigt werden.
- Das Ausscheiden von XY erfolgte betriebsbedingt unter Einhaltung sozialer Auswahlkriterien.
- Nach erfolgter Umstrukturierung unseres . . . -Bereiches konnten wir XY keinen neuen Arbeitsplatz in unserem Unternehmen anbieten und mussten daher leider das Arbeitsverhältnis betriebsbedingt beenden.

Andere Formen der Kündigung durch den Arbeitgeber

- Das Arbeitsverhältnis endete zum . . .
- Die Auflösung des Arbeitsverhältnisses erfolgte zum . . .
- Das Arbeitsverhältnis endet mit Ablauf des Monats . . . innerhalb der Probezeit. Wir bedauern, dass es nicht zu einer Festanstellung gekommen ist.

Fristlose Kündigung durch den Arbeitgeber

- Vorzeitig/ungeplant/unwiderruflich/kurzfristig mussten wir uns am . . . von XY trennen.
- Das Arbeitsverhältnis endet aus besonderen Gründen.
- Bedauerlicherweise sahen wir uns gezwungen, zum . . . (»krummes« Datum) das Arbeitsverhältnis zu beenden.
- Beendigung des Arbeitsverhältnisses durch Vertragsablauf (Befristung).
- Mit Ablauf der vereinbarten Zeit beenden wir das befristete Arbeitsverhältnis mit XY.
- Zu unserem großen Bedauern können wir XY z.Z. keine Dauerbeschäftigung bieten, so dass das Arbeitsverhältnis mit Ablauf der vereinbarten befristeten Zeitspanne zum . . . endet.

Dankes-Bedauern-Formel (im Endzeugnis)

Sehr gute Dankes-Bedauern-Formel

- Wir bedauern, in Herrn XY eine ausgezeichnete Fach-/Führungskraft zu verlieren, und danken ihm für die stets vorbildliche Leistung/Leitung im Bereich . . .
- Wir danken für die stets sehr gute Zusammenarbeit und bedauern sehr, XY zu verlieren. Für seine Entscheidung, unser Unternehmen zu verlassen, haben wir aber Verständnis.
- Mit Bedauern über sein Ausscheiden danken wir XY für seine stets sehr guten Leistungen.
- Für die langjährige ergebnisreiche und wertvolle Zusammenarbeit sind wir XY zu Dank verpflichtet. Wir bedauern es außerordentlich, diesen ausgezeichneten Mitarbeiter zu verlieren.
- Wir danken XY für die stets hervorragende Zusammenarbeit. Wir verlieren mit ihm einen erfahrenen Spezialisten, verstehen aber, dass er im Rahmen seiner beruflichen Entwicklung die ihm gebotene Chance wahrnehmen möchte.

Noch gute Dankes-Bedauern-Formel

- Wir bedauern, in Herrn XY eine gute Fach-/Führungskraft zu verlieren, und danken ihm für die stets gute Leistung/Leitung im Bereich . . .
- Wir danken für die stets gute Zusammenarbeit und bedauern sehr, XY zu verlieren. Für seine Entscheidung, unser Unternehmen zu verlassen, haben wir aber Verständnis.
- Mit Bedauern über sein Ausscheiden danken wir XY für seine stets guten Leistungen.
- Für die langjährige, erfolgreiche Zusammenarbeit sind wir XY zu Dank verpflichtet. Wir bedauern es außerordentlich, diesen guten Mitarbeiter zu verlieren.

- Wir wissen um die besonderen Verdienste, die sich XY im Bereich . . . für unser Unternehmen erworben hat. In dankbarer Anerkennung seiner Leistungen bedauern wir seine Entscheidung, unser Haus zu verlassen.

Knapp befriedigende Dankes-Bedauern-Formel

- Wir bedauern, in Herrn XY eine gute Fach-/Führungskraft zu verlieren, und danken ihm für die gute Leistung/Leitung im Bereich . . .
- Wir danken für die gute Zusammenarbeit und bedauern, XY zu verlieren. Für seine Entscheidung, unser Unternehmen zu verlassen, haben wir aber Verständnis.
- Mit Bedauern über sein Ausscheiden danken wir XY für seine guten Leistungen.
- Für die langjährige Zusammenarbeit sind wir XY dankbar. Wir bedauern, diesen Mitarbeiter zu verlieren.

Kaum noch ausreichende Dankes-Bedauern-Formel

- Für die Leistung/Leitung im Bereich . . . bedanken wir uns.
- Wir bedanken uns für die gute Zusammenarbeit.
- Wir anerkennen die Leistungen von Herrn XY.

Mangelhafte Dankes-Bedauern-Formel
(Eine mangelhafte Beurteilung kann auch durch das Weglassen der Dankes-Bedauern-Formel ausgedrückt werden.)

- Wir bedanken uns für das gezeigte Interesse, ebenso wie für die Zusammenarbeit.
- An dieser Stelle sagen wir Dank.
- Wir bedauern, auf die weitere Zusammenarbeit mit XY verzichten zu müssen.

Zukunftswünsche

(Fehlende Zukunftswünsche können auf erhebliche Differenzen hinweisen.)

Sehr gute Zukunftswünsche

- Wir wünschen XY auf seinem zukünftigen/weiteren Berufs- und Lebensweg alles Gute und weiterhin viel Erfolg.
- Wir wünschen diesem vorbildlichen Mitarbeiter beruflich und persönlich alles Gute und weiterhin viel Erfolg.
- Für seinen weiteren beruflichen Werdegang wünschen wir XY alles Gute, viel Glück und Erfolg.

Noch gute Zukunftswünsche

- Wir wünschen XY auf seinem weiteren Berufs- und Lebensweg alles Gute.
- Wir wünschen diesem vorbildlichen Mitarbeiter beruflich und persönlich alles Gute.

Knapp befriedigende Zukunftswünsche

- Wir wünschen XY für seine weitere Arbeit/weitere Tätigkeit alles Gute.

Kaum noch ausreichende Zukunftswünsche

- Wir wünschen XY alles Gute.
- Wir wünschen alles Gute.
- Wir wünschen XY für die Zukunft das Allerbeste.

Mangelhafte Zukunftswünsche

- Wir wünschen XY auf seinem weiteren Berufs- und Lebensweg außerhalb unserer Firma alles Gute.
- Wir wünschen XY alles Gute und für die Zukunft auch Erfolg.
- Wir wünschen XY, dass er in seinem neuen Arbeitsgebiet seine Leistungsfähigkeit voll entfalten kann.
- Unsere besten Wünsche begleiten ihn.
- Wir wünschen diesem anspruchsvollen und kritischen Mitarbeiter für die Zukunft alles Gute.
- Für die Zukunft wünschen wir XY alles nur erdenklich Gute.

Anhang: Das Zwischenzeugnis

Beim Zwischenzeugnis, das sich in den ersten vier Abschnitten (Einleitung, Aufgaben, Leistungs- und Verhaltensbeurteilung) genauso wie das qualifizierte Abschlusszeugnis gestaltet, sind im letzten Zeugnisabschnitt die folgenden Aspekte zu berücksichtigen:

- Begründung für das Zwischenzeugnis
- Dankes-Formel im Zwischenzeugnis
- Zukunftswünsche

Begründungen für ein Zwischenzeugnis

Feststehendes Arbeitsvertragsende

- Da XY das Arbeitsverhältnis zum . . . auf eigenen Wunsch beenden wird, erbat er dieses vorläufige Zeugnis.
- XY erhält dieses vorläufige Zeugnis, weil das Arbeitsverhältnis am . . . im besten Einvernehmen beendet wird.
- Wunschgemäß stellen wir XY dieses vorläufige Zeugnis aus, da das befristete Arbeitsverhältnis mit Datum vom . . . enden wird.

Mögliches Arbeitsvertragsende

- Da in unserem Unternehmen seit längerer Zeit Kurzarbeit geleistet wird, erbat XY dieses Zwischenzeugnis. Das Arbeitsverhältnis ist ungekündigt.
- Anlässlich der Eröffnung des Vergleichsverfahrens/Konkursverfahrens erhält XY dieses Zwischenzeugnis. Das Arbeitsverhältnis ist ungekündigt.

Versetzung oder Veränderung im Arbeitsverhältnis

- Wunschgemäß stellen wir XY dieses Zwischenzeugnis anlässlich der Beendigung seiner . . .-Ausbildung aus. Das Arbeitsverhältnis ist ungekündigt.
- Zum . . . übernimmt XY aufgrund seiner erfolgreichen internen Stellenbewerbung die Arbeitsaufgabe . . . Dieses Zeugnis wird ihm anlässlich der Beendigung seiner bisherigen Tätigkeit ausgestellt.

Vorgesetztenwechsel

- Wunschgemäß erhält XY dieses Zwischenzeugnis, da sein langjähriger Vorgesetzter aus unserem Unternehmen ausscheidet.
- Aufgrund des Vorgesetztenwechsels wird XY dieses Zwischenzeugnis ausgestellt.

Unterbrechung des Arbeitsverhältnisses

- Anlässlich des Beginns des Erziehungsurlaubes stellen wir XY dieses Zwischenzeugnis aus.
- XY erbat dieses Zwischenzeugnis aufgrund seiner Einberufung zum Wehrdienst.

Eigentümerwechsel/Rechtsformänderung

- XY erhält dieses Zeugnis anlässlich eines grundlegenden Gesellschafterwechsels /anlässlich einer Änderung unserer Rechtsform von . . . in . . .

Sonstige Gründe

- XY bat uns um dieses Zwischenzeugnis zur Vorlage bei
- Dieses Zwischenzeugnis wurde auf Wunsch von XY erstellt. Das Beschäftigungsverhältnis ist ungekündigt.
- Aufgrund der Freistellung für die Betriebsratsarbeit erhält XY dieses Zwischenzeugnis.

Dankes-Formel im Zwischenzeugnis

Sehr gute Formel

- Wir danken XY für seine stets sehr guten Leistungen und hoffen auch weiterhin auf eine gute Zusammenarbeit.

Noch gute Formel

- Wir danken XY für seine stets guten Leistungen und hoffen auch weiterhin auf eine gute Zusammenarbeit.

Knapp befriedigende Formel

- Wir danken XY für seine gute Leistung.

Kaum noch ausreichende Formel

- Wir bedanken uns bei XY für seine Mitarbeit.

Mangelhafte Formel

- Wir bedanken uns bei XY für sein Interesse.

Zukunftswünsche

(Zukunftswünsche werden im Zwischenzeugnis seltener zum Ausdruck gebracht, z.T. sind sie bereits in der Dankes-Formel enthalten. Ein Fehlen kann nicht unbedingt negative Rückschlüsse zulassen. In einem guten Zwischenzeugnis sollten sie jedoch Eingang finden.)

- Wir wünschen uns auch für die Zukunft eine ebenso gute/erfolgreiche gemeinsame Arbeit.
- Wir freuen uns auf eine weiterhin gute/erfolgreiche Zusammenarbeit mit XY.
- In der Hoffnung auf weiterhin gute Zusammenarbeit wünschen wir XY in unserem Unternehmen/in seinem beruflichen Werdegang alles Gute/viel Erfolg.